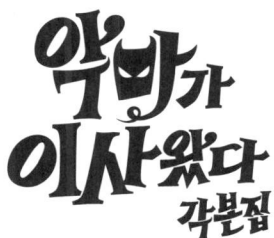

악마가
이사왔다
각본집

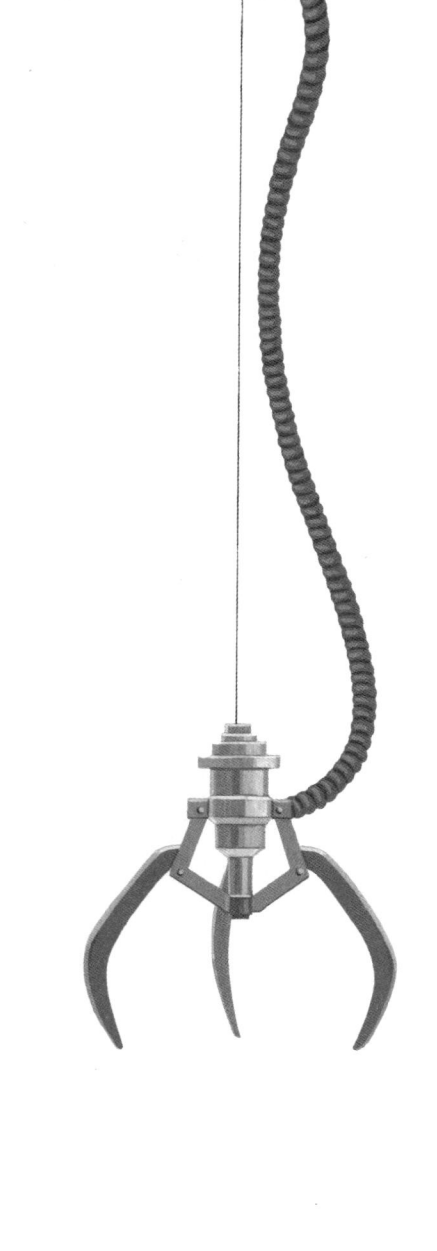

악마가 이사왔다

각본·감독 이상근 각본집

MUZE

1. 상가 광장 — 실외/밤

상가 내 어두운 광장, 밝게 빛나는 뽑기 기계 앞으로 한 남자
가 다가온다.

후드를 뒤집어쓴 채 기계 내부를 빠르게 스캔하는 남자의
눈빛.

지폐를 한 장 넣고 능숙한 손놀림으로 방향 버튼을 움직이
면, 어느새 목표물 위에 위치한 크레인 집게.

짧은 숨을 내쉬곤 결정 버튼을 누르는 남자.

내려갔던 크레인 집게가 인형을 꽉 물고 올라와 골인 구멍에
떨어뜨린다.

배출구에서 꺼낸 인형을 무표정하게 바라보는 길구(남/31세),
둘러메고 있던 마트 장바구니에 인형을 집어넣고는 어딘가
로 빠르게 이동한다.

2. 인형 뽑기방 — 실내/밤

작은 인형, 큰 인형, 꿀, 건강 기구 등 다양한 물건을 척척 뽑
아내는 길구, 둘러메고 있던 마트 가방이 순식간에 경품으로
가득 찬다.

핸드폰으로 시간을 확인하는 길구, 어느새 새벽 2시 22분
이다.

3. 길구의 방 — 실내/밤

뽑아 온 경품들을 능숙하고 빠르게 분류해 정리하는 길구.

인형, 각종 생활용품, 과자, 싸구려 전자 기기 등 좁은 방이 경품으로 가득 찼다.

이를 잠시 바라보는 길구, 스스로도 어이없다는 듯 헛웃음을 짓는다.

(점프)

침대에 누워 눈을 감고 있는 길구, 시간이 흘러도 잠들지 못하자 천천히 눈을 뜨고는 깊은 한숨을 내뱉는다.

(점프)

커터 칼날을 천천히 손 쪽으로 갖다 대는 길구, 인상을 쓰며 뭔가를 힘겹게 자르는 극단적인 분위기.

하지만 예상과 다르게 수면제를 반으로 자르고 있는 길구, 잘린 수면제를 손바닥에 놓고 잠시 고민하다가 어쩔 수 없다는 듯 입에 털어 넣고 물을 마신다.

입안에 물을 머금은 채 수면제를 삼키지 않고 마지막으로 고민하는 길구, 이내 두 눈을 질끈 감으며 힘겹게 삼켜본다.

꿀꺽!

타이틀

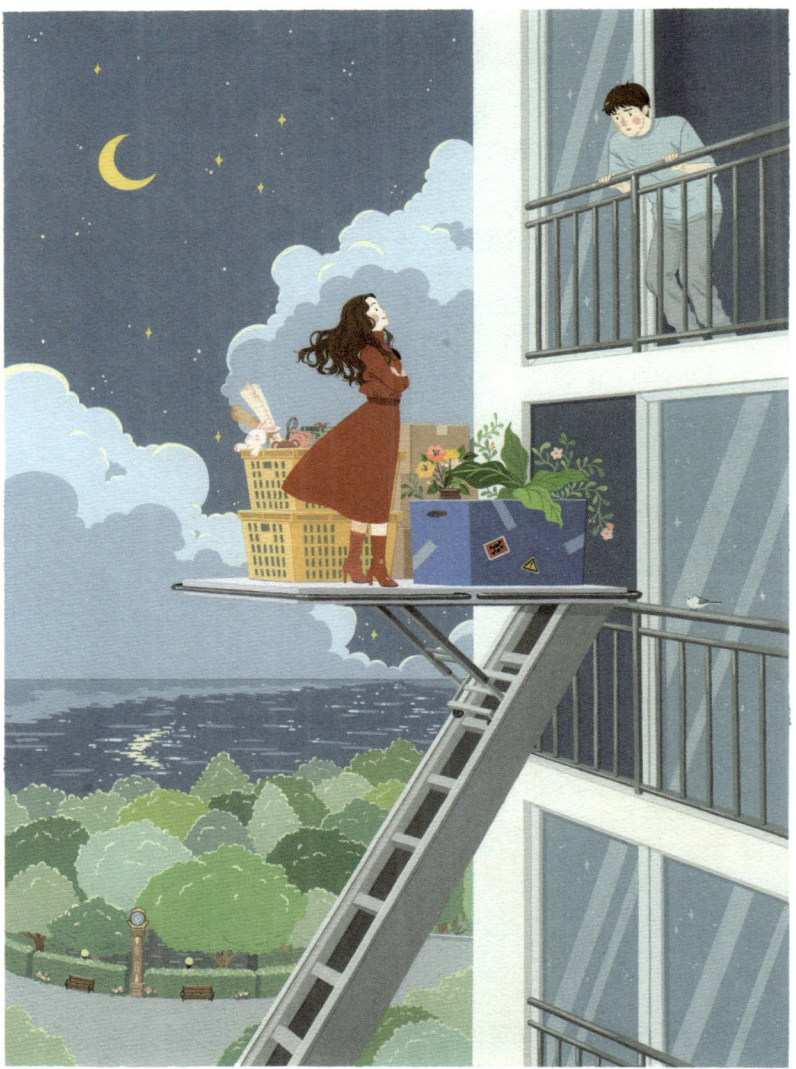

4. 길구의 집 ─ 실내/오전

띵동!! 띵동!! 시끄럽게 울리는 초인종, 길구는 깊은 잠에 빠진 듯 미동이 없다.

잠시 후 머리맡에 놓여 있던 핸드폰 벨 소리에 깜짝 놀라 눈을 뜨는 길구.

(점프)

길구가 현관문을 열자 친구 희범이가 짜증 난 얼굴을 한 채 서 있다.

(점프)

베란다 창문을 열고 고개를 아래로 내미는 길구와 희범.

바로 아랫집 베란다 난간에 걸쳐진 사다리차로 이삿짐이 올라오고 있다.

길구

우리 동이라더니…… 바로 아랫집이었냐?

……아버지는?

희범

저기!

지상에서 사다리차를 조작하고 있는 희범 아버지, 그 옆에선 아라(여/27세)가 쫑알쫑알 시끄럽게 떠들어대고 있다.

희범

아, 저 진상 진짜…… 옆에서 계속 귀찮게 하네!
우리 집이 더 잘살아! 어휴…… 개나 소나 갑질은……
너 앞으로 상가 빵집에서 절대 뭐 사 먹지 마!

길구

……상가에 빵집이 어딨어?

희범

쟤가 차렸대! 어디서 대충 가짜로 배워서 부모 등골
뽑아 차렸겠지. 망해라! 씨…….
(아래 동료들을 보고 소리치며)
아! 너무 많이 실었어!!

(점프)

냉장고 문을 열고 우유를 꺼내는 길구, 흔들어보면 거의 비
어 있다.

5. 정셋빵집 앞 — 실외/낮

새로 산 우유를 든 채 상가 앞을 지나는 길구.
길에 버려진 깨진 유리병을 근처에 있던 폐기물 자루에 버리
곤 가게를 바라본다.

새롭게 공사를 한 듯 보이는 가게, '정셋빵집'이라 쓰인 간판이 붙어 있다.

6. 길구의 집 — 실내/낮에서 밤

길구

(엄마와 통화를 하며)

아기는 밥 잘 먹어? ……난 잘 먹지. ……아! 배달 음식 안 먹어…… 진짜야!!

(주변에 널린 컵라면과 배달 음식 용기를 정리하며)

반찬 사서 밥해 먹는다고!! 청소하지! 아! 이불도 빨고 먼지도 다 털었다고!! 아! 사진을 왜 찍어 보내!! 엄마 진짜 왜 그래!! 나 못 믿어?

(점프)

밤이 될 때까지 집 안 청소를 하는 길구의 모습, 이불을 들고 베란다로 다가간다. 창문을 열고 먼지를 털기 위해 이불을 펼치는 순간! 이불 속에 끼어 있던 목 베개가 튕겨 나와 바깥 아래 화단으로 추락한다.

7. 아파트 화단, 인공 연못 — 실외/밤

풀이 무성한 어두운 화단 쪽으로 들어오는 길구, 핸드폰 라이트를 여기저기 비추다가 구석에 떨어져 있는 목 베개를 발견해 줍고는 화단에서 나가려 몸을 돌린다.

순간 이상한 소리를 듣고 고개를 돌리는 길구.

십여 미터 떨어진 인공 연못 앞 벤치에 한 여자가 고갤 숙인 채 앉아 있다.

화단 속에 숨어 이를 바라보는 길구.

고개 숙인 채 낑낑대며 어깨를 떨고 있는 여자, 이내 고갤 확! 들면서 맥주 캔을 따는 데 성공한다. 푸쉭!!

목을 뒤로 젖히며 시원하게 맥주를 들이켜는 여자(선지, 여/29세).

선지

꺄아!!! ……커억!

귀여운 트림을 내뱉곤 주변 눈치를 살피는 선지, 너무나 아름다운 얼굴.

순간 확대되는 길구의 동공, 뭔가에 홀린 듯 선지의 얼굴을 뚫어지게 바라보다가 상상에 빠질 때마다 나오는 특유의 멍한 표정을 짓는다.

길구의 상상 속 시점, 갑자기 선지에게만 스포트라이트가 비춰지며 주변이 온통 알록달록한 조명으로 화려하게 변한다.

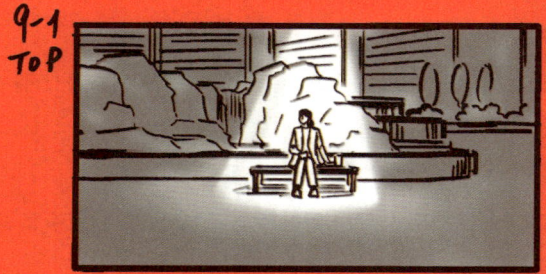

9-1
TOP

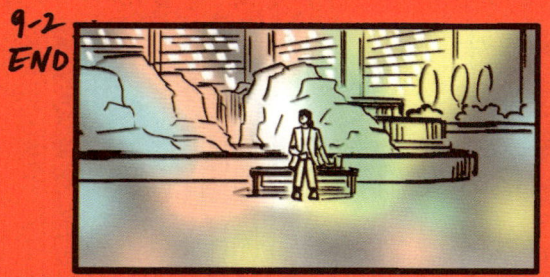

9-2
END

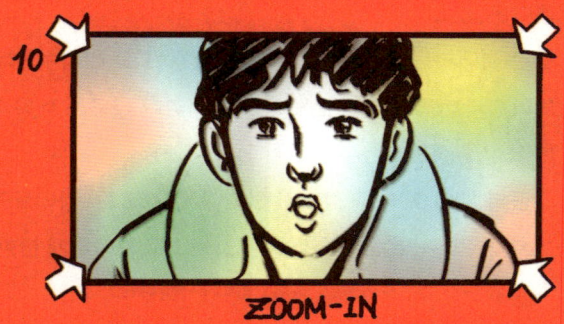

10

ZOOM-IN

#7.

8. 감자탕집 — 실내/밤

희범

사랑하냐?

길구

뭐래…… 그냥 되게…… 되게 아름다웠어……. 진짜
천사가 있다면 그렇게 생겼을 거 같아……. 들깨 더
뿌릴까?

희범

들깨? 이게 지금 네 인생 최대 고민이야? 그렇게
아름답고 천사 같은 여자를 눈앞에서 보고도! 아, 맞다!
빨리 가서 감자탕에 들깨 뿌려 먹어야 되는데! 그러고
온 거야?

길구

뭐어…… 그럼 말이라도 거냐? 뿌린다!

희범

(들깨 뿌리는 길구를 한심하단 표정으로 바라보다가)
들깨 뿌릴 용기는 남아 있어 다행이네……. 너 진짜
계속 이러고 살 거냐? 너 2등이야 지금! 내 친구 중에 한심한 걸로 네가 2등이라고!

길구

⋯⋯너 나 말고 친구 또 있었어? ⋯⋯1등이 누군데?

희범

⋯⋯그 새끼 네가 못 이겨⋯⋯.

9. 인형 뽑기 앞 ― 실외/밤

술에 취해 얼굴이 뻘건 길구와 희범, 비틀대며 인형 뽑기 앞
에 서 있다.
타탁! 빠른 손놀림으로 인형을 하나 뽑아내는 길구.

희범

오오오!! 또 뽑았어!! 너 뭐냐?! 맨날 이거만 하냐?

길구

이게 우습게 볼 게 아니야, 어?! 기계 특성 파악해서
전략적으로 접근해야 된다고! 내가 이 수준까지 오는
데 얼마나 많은 돈과 노력이 들어갔는데에~!

희범

(길구를 잠시 바라보다가 박수를 치고 껴안으며)

와!! 축하한다 진짜!! 축하해!! 1등!! 네가 1등 먹었다!

길구 너, 이 새끼!! 네가 결국 해내는구나!!

10. 123동, 엘리베이터 — 실내/밤

뽑아 온 인형을 하나 든 채 비틀거리며 엘리베이터에 올라타는 길구, 층 버튼을 누르지도 못한 채 바닥에 주저앉아버린다. 잠시 시간이 흐르고 갑자기 안내음과 함께 상승하는 엘리베이터.

안내음

올라갑니다.

LED창의 층 숫자는 점점 올라가고, 13층에 도착하자 멈추는 엘리베이터.

안내음

13층! 문이 열립니다.

드르륵 문이 열리고 누군가 중얼거리는 소리에 살포시 눈을 뜨는 길구, 흐릿한 시점으로 사람의 형체가 보인다.

눈을 껌뻑이며 다시 한번 앞을 제대로 바라보는 길구.

눈앞에 귀신처럼 머리를 축 늘어뜨린 여자(선지)가 서 있다.

닫히는 엘리베이터 문, 그 사이로 손을 뻗는 선지, 쾅!! 문이
다시 열린다.

길구

허헉!!

선지

(엘리베이터 내부로 들어오며)

늦으면 사라져!! 빨리 가야 돼!!

길구

(들고 있던 인형으로 선지의 머릴 밀기 시작하며)

꺄악!!! 뭐야! 왜 이러세요!! 으허허헉!!!

선지

(길구에게 달려들며)

헉! 이 자식이!! 너 뭐야!! 감히 언다 손을 대!!

놀란 길구가 피하며 몸을 돌리자 목을 두 손으로 꽉 붙잡고
조르는 선지.

켁켁대다가 고갤 뒤로 확! 젖히는 길구, 뒤통수와 선지의 이

마가 부딪힌다. 빡!!

켁! 소릴 내며 뒤로 자빠지는 선지.

길구가 빠르게 닫힘 버튼을 눌러 문을 닫는다, 14층으로 올라가는 엘리베이터.

안내음
14층! 문이 열립니다.

문이 열리자 창백한 얼굴로 인형을 끌어안은 채 앉아 있는 길구의 모습.

11. 길구의 집 — 실내/낮

찢어진 약봉지를 입에 붙인 채 자고 있던 길구, 움찔 놀라며 눈을 번쩍 뜬다.

(점프)

조금씩 열리는 현관문, 죽도와 함께 천천히 고개를 내미는 길구.

12. 13층 복도 — 실내/낮

비상계단 문을 열고 죽도와 함께 고개를 내미는 길구, 아무도 보이지 않는다.

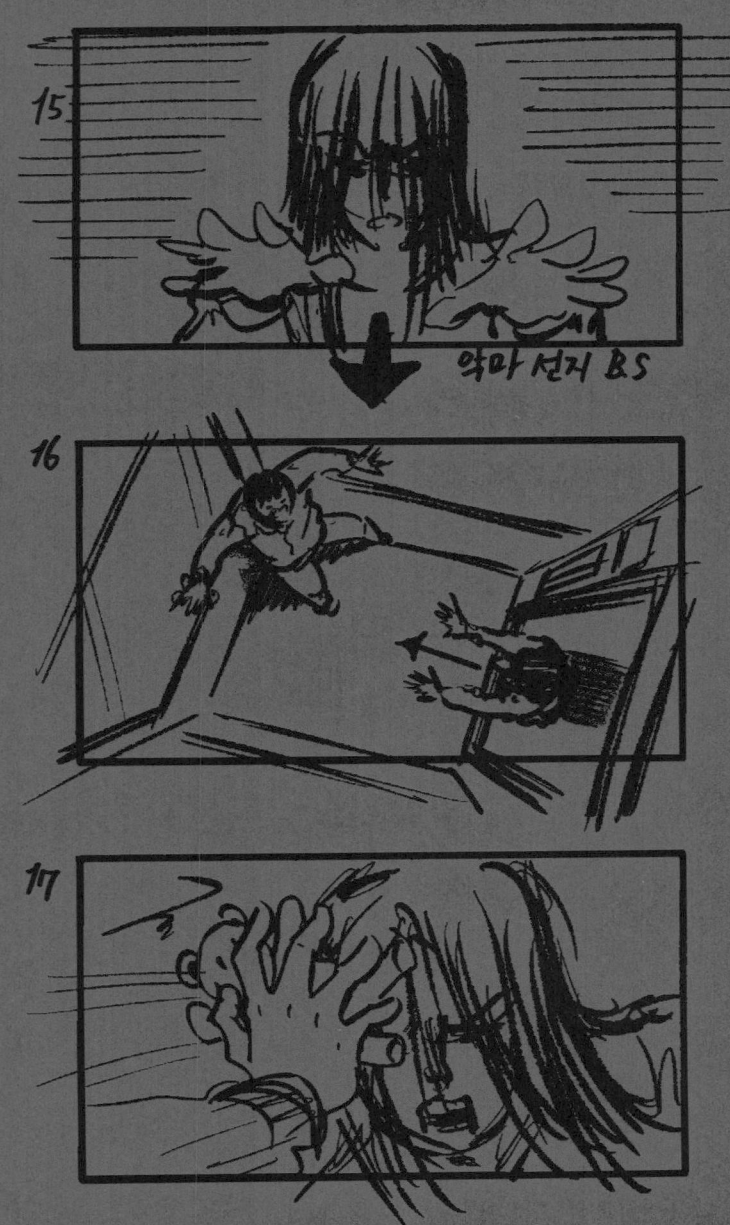

15 악마 섣지 BS

16

17

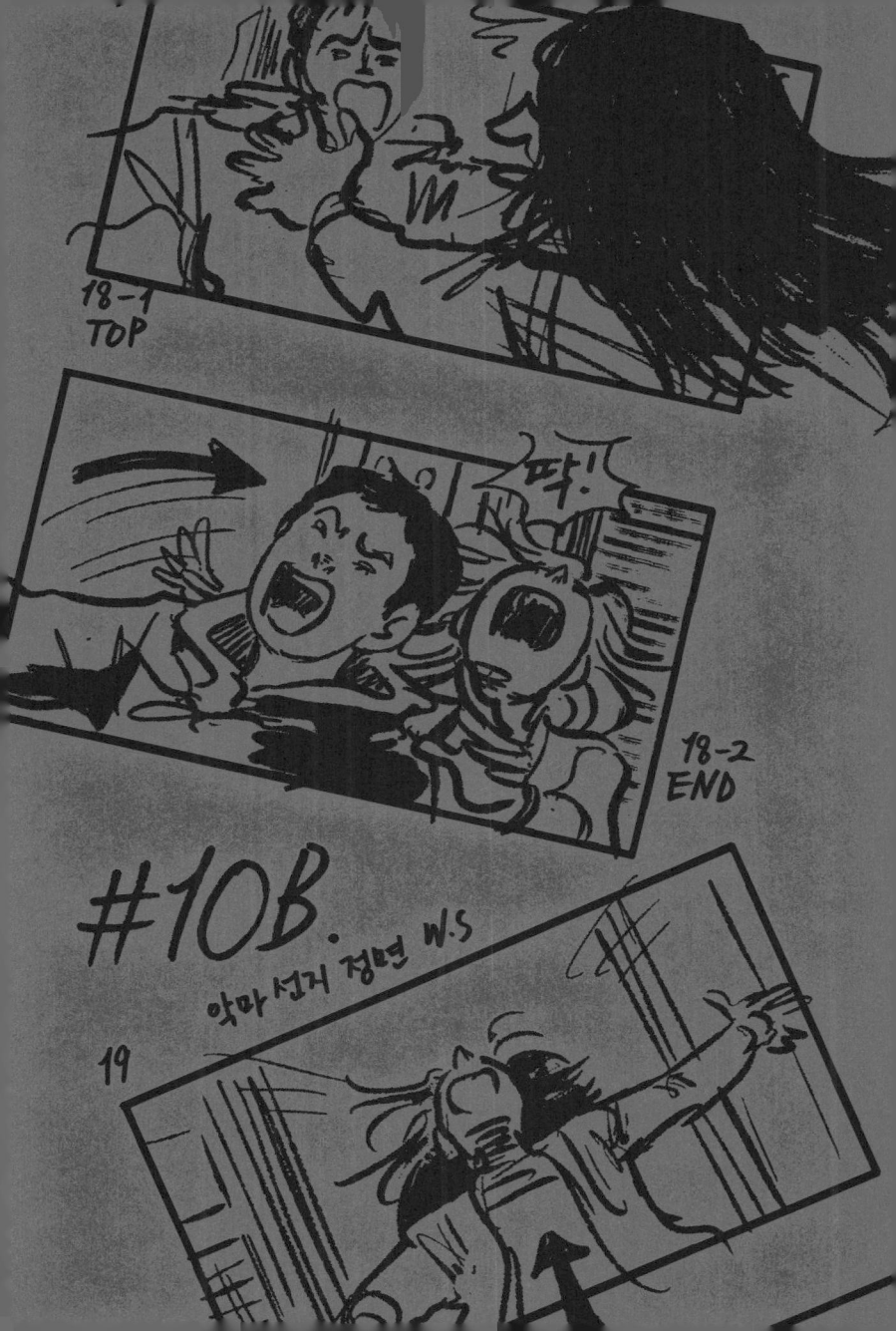

13. 정셋빵집 앞 — 실외/낮

눈치를 살피며 빵집 가까이 다가가 내부를 들여다보는 길구,
아무도 없다.

아라

(길구 뒤편에서 갑자기 등장하며)

뭐 하세요?

길구

어허!! ······야! 여기 빵집이 생겼구나. ······아!!
간판이······ 정! ······셋빵집······ 아! 정셋! 빵집!
식빵 맛집? 아 식빵만! 팥빵은 안 팔고······.
아, 담에 와야겠네······.

아라

(돌아서는 길구의 어깨를 턱! 붙잡으며)

팥빵 팔아요!

14. 정셋빵집 안 — 실내/낮

계산대에 팥빵을 하나 올려둔 채 주위를 둘러보는 길구.

아라

이천오백 원 되시겠습니다! 혹시 이 아파트 사세요?

길구

예……? 왜…… 왜요……?

아라

아아~ 아파트 주민분들한텐 개업 할인을…….

길구

123동 1401호요……! 여기 삽니다…….

아라

예에…… 아라?! 123동 1401호요?!! 대박!! 우리,
아랫집 살아요! 123동 1301호! 어제 이사 왔는데!!
우리 윗집 사시는 거예요?! 언니! 언니! 나와봐!! 빨리!!

안쪽 제빵실에서 나오는 선지, 길구가 놀라서 얼굴을 재빨리
가린다.

선지

왜?!

아라

이 손님, 우리 이웃사촌! 바로 윗집 사신대! 1401호!!

선지

아, 진짜? 안녕하세요! 어제 저희 땜에 많이
시끄러우셨죠? 앞으로 잘 부탁드릴게요!

길구

(선지 이마에 붙은 반창고를 발견하고 당황해서)
아! 예!! 계산됐죠……. 안녕히 계세요!!

15. 정셋빵집 앞 — 실외/낮

도망치듯 밖으로 튀어나오는 길구. 뒤이어 빵집 문을 벌컥
열고 나오는,

선지

저기요!!! 손님!!
(길구가 못 들은 척 도망치기 시작하자)
손님!! 잠시만요!! 저기요!!!

뒤도 안 돌아보고 전력 질주로 달아나는 길구, 한참을 달려
구석 어딘가에 몸을 숨기고 호흡을 가다듬는다.

길구

헉…… 헉…… 헉…… 휴…… 으…….

선지

(계속 쫓아왔는지 갑자기 나타나서)

손님!! 헉…… 헉…… 헉…… 제가 계속 불렀는데…….

길구

(겁먹은 표정으로 죽도를 꽉 쥐면서)

어헉!! 어…… 어…….

선지

(작은 박스를 내밀며)

이거 가져가세요! 개업 선물이에요. 그럼 담에 또 봬요!

꾸벅~ 인사를 하고 가게로 다시 달려가는 선지를 보며 당황
스러워하는 길구.

16. 길구의 집 — 실내/낮에서 밤

소파에 앉아 선지가 준 개업 수건을 바라보는 길구, 수건을
코로 가져가 냄새를 맡아보면 새 수건 특유의 역한 냄새가
난다. 이내 생각에 빠져드는 길구.

- 인공 연못에서 봤을 때와 조금 전에 봤던 멀쩡한 모습의 선지.
- 엘리베이터에서 미친 사람처럼 덤비던 기괴한 모습의 선지.

하루 종일 생각에 빠진 길구, 청소를 하고, 밥을 먹고, 설거지를 하고, 이를 닦고, 계속 똑같이 멍한 표정이다.

밤이 될 때까지 소파에 앉아 고민 중인 길구, 드디어 결론을 내린다.

길구

……모르겠다……. 도저히 모르겠다…….

벽시계의 바늘이 새벽 2시 25분을 가리킨다.

일어나 방으로 가려다가 창 쪽으로 가서 실내 자전거에 널어놓은 빨래를 걷는 길구, 옆에 있는 진짜 건조대로 이동해 빨래를 걷다가 자연스레 밖을 내다본다.

뭔가를 발견하고 놀라 창에 바짝 붙어 밖을 바라보는 길구.

선지가 아파트 광장에서 두 팔을 벌린 채 우두커니 홀로 서 있다.

반사적으로 현관 쪽으로 뛰어가는 길구, 이내 멈추곤 잠시 내적 갈등에 휩싸인다.

갑자기 냉장고로 달려가 새 우유를 꺼내 벌컥벌컥 마시기 시작하는 길구.

17. 123동 앞 — 실외/밤

빈 우유 팩을 들고 조심스레 밖으로 나오는,

길구
(주변 다 들리게)
아…… 우유가 하필…… 지금 똑 떨어지냐…….

선지가 보이지 않자 주변을 두리번거리며 찾기 시작하는
길구.

18. 아파트 정문 앞 도로 — 실외/밤

도로 건너편 편의점을 바라보는 선지, 씨익 웃더니 무단 횡
단을 시작한다.
단지를 돌며 선지를 찾고 있던 길구, 끼이익!!! 자동차 급정지
소리에 놀라 고갤 돌린다. 혹시나 싶은 표정으로 소리가 난
쪽을 향해 뛰기 시작하는 길구.
정문 앞 도로 쪽으로 나온 길구, 눈앞으로 트럭 한 대가 빠르
게 지나간다.
옆을 바라보는 길구, 도로 끝에 서 있는 선지와 그녀를 꽉 안
고 있는 낯선 남자(장수, 남/53세)를 발견한다.

선지

놔!! 놓으라고!! 안 놔?!! 없어진다고!! 꺄악!!!

장수

내가 샀어요!! 사 왔다고!!

장수에게서 빠져나오려 발버둥 치는 선지를 바라보며 표정이 점점 일그러지는 길구, 빠르게 달려가 선지에게서 장수를 떼어내고 그의 멱살을 꽉 붙잡는다.

길구

뭐 하는 거야!!
(장수를 뒤쪽 펜스에 밀어놓고는)
이 변태…… 쓰레기 같은…… 당신 뭐야!! 뭐냐고!!

19. 정셋빵집 — 실내/밤

핸드폰으로 선지와 함께 찍은 사진을 보여주는,

장수

아빠다! 됐어? 됐냐고!!!

길구

(갑자기 장수의 주먹을 잡더니
자신의 얼굴을 툭툭 치며)
죄송합니다! 정말 죄송합니다!!

장수

(길구의 손을 뿌리치고)
왜 이래!! 너 또라이야? 미쳤어?!!
(바게트 빵을 하나 들어 길구의 목에 겨누곤)
너 뭐야?! 어!!

길구

저…… 저는 이길군데요! 여기 123동 1401호
주민입니다!!

장수

123동 1401호……? 너 윗집 살아? 우리 딸이
아랫집 산다는 거 알고 일부러 쫓아다닌 거야?! 어!?

길구

아닙니다!!! 쫓아다닌 거 아닙니다!!
(빈 우유 팩을 흔들며)
우유 사려고 나왔다가 우연히!

(테이블에서 뭔가를 먹고 있는 선지를 가리키며)
따님이 치한한테 몹쓸 짓 당하시는 거 같아서!

장수

(바게트 빵으로 위협하며 다가가는)
너! 전에도 우리 딸 밤에 본 적 있어?

길구

(슬슬 뒷걸음치며)
아니요! 없는데요!!

장수

똑바로 말 안 해?! 경찰서 가고 싶어?!

길구

(선지가 앉아 있는 테이블에 걸려 멈추며)
있습니다!! 어젯밤에 엘리베이터에서 만났는데
귀…… 귀신인 줄……. 술 드셨는지 막 무섭게 저한테
덤비셔가지고…….

선지

(테이블에서 벌떡 일어나 길구의 목을 조르며)
너였냐?! 어젯밤 그 인간이!!

장수

(선지를 말리며)

어허! 왜 이래요!! 하지 마요오!!

선지

저놈이 내 이마를 이렇게 만들었단 말이야!! 대갈빡이
얼마나 단단한지 머리가 부서지는 줄 알았어!!

장수

(선지를 붙잡고 말리며)

참아요! 응?! 우리 이러지 않기로 했잖아요!
(당황해하는 길구를 바라보며)

야! 너! 잘 들어! 다신 우리한테 관심 갖지 마! 봐도 아는
척하지 말고 지금까지 본 것도 깨끗하게 다 잊어! 안
그럼 너 제명에 못 살아……. 알겠어?! 가! 가라고!!

선지

놔! 놓으라고!! 내가 저놈 대갈빡 부숴버릴 거야!!

겁에 질려 허겁지겁 밖으로 도망치는 길구.

20. 선지의 집 — 실내/새벽

조심스레 현관문을 열고 집으로 들어오는 화려한 옷차림의
아라.
방문을 열어 선지가 잘 자고 있는 걸 확인하곤 안도의 한숨
을 내쉰다.

아라

휴…….

장수

(뒤에서 나타나서)
참 다행이지? 잘 자고 있어서?

아라

그니까…… 끼아아아악!!!! 사…… 삼촌……!!
내일…… 온담서…….

장수

어디 좋은 데 다녀왔어?

아라

……약수 뜨러…… 뒷산에…….

장수

아! 약수터! 약수는 어딨어? 물이 말랐나?

아라

어! 어떻게 알았어!!

(장수에게 귀를 꼬집히며)

아악!!!

장수

잘 좀 보라니까 그 사를 못 참고 놀러 다녀?

재 혼자서 돌아다니다가 차에 치일 뻔했어!!

아라

헉…… 안에서 못 열게 설정하고 나갔는데?!

……고장 났나?

(장수가 귀를 더 세게 꼬집자)

아악!! 잘못했어!! 다신 안 그럴게!!

21. 골목길 ― 실외/낮

'범이네 익스프레스' 조끼를 입은 채 스쿠터를 타고 있는 길

구와 희범.

길구가 운전을 하고 희범이 명함을 날리면 원하는 곳에 정확

히 딱딱 꽂힌다.

22. 골목길 근처 놀이터 — 실외/낮

벤치에 앉아 아이스바를 먹는 길구와 희범.
특유의 멍한 표정을 짓고 있는 길구, 손 위로 아이스바가 녹
으며 흘러내린다.
희범이 명함을 날려 길구의 이마를 맞춘다.

길구

아!!

희범

네 일당 녹잖아! ……너 맨날!!
(길구 표정을 따라 하며)
이…… 이러고 도대체 뭔 생각 하는 거냐? 어?!

길구

(주변 눈치를 살피며 비밀 얘기 하듯)
……너 ……그거 아냐? 세상에 우리 상식으로는
도저히 이해할 수 없는 일들이 벌어지고 있는 거…….
것도 주변 아주아주 가까운 데서……. 우리가 아는 게
다가 아냐……. 「세상에 이런 일이」나 「서프라이즈」가

괜히 장수 프로가 아니라고…….

희범

와, 이 새끼 독해…….
1등 유지하려고 열심인 거 봐…… 와…….

23. 123동, 엘리베이터 ― 실내/낮

땀에 젖은 채 1층 로비에서 엘리베이터에 올라타는 길구, 문
이 닫히려는 순간.

선지

(쾅! 닫히는 문 사이로 손을 집어넣고)
잠시만요!!

길구

어헉!!

선지

(엘리베이터 안으로 들어오며)
죄송합니다!

당황한 표정을 감추며 목례를 하는 길구, 애써 시선을 딴 곳

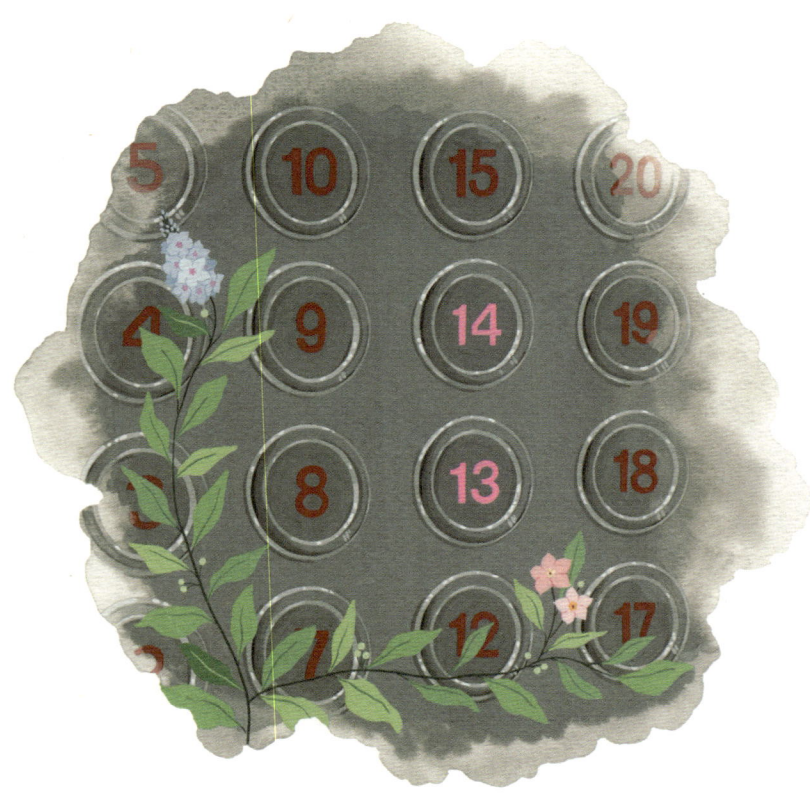

으로 돌린다.

선지

저기…….

길구

죄송합니다! 어젠 제가 너무 당황해서 제대로 사과를
못 드렸습니다!

선지

예……? 무슨 말씀이신지……. 이거…… 안 누르세요?
(14층 버튼을 누르며)
14층…… 맞으시죠?

길구

(뭐지 싶은 표정으로 바라보며)
……아 ……감사합니다…….

24. 아파트 단지 산책길, 편의점, 놀이터 — 실외/밤

쓰레기봉투를 든 채 나무 뒤에 숨어서 어딘가를 바라보고 있
는 길구.
길구의 시점으로 보이는 장수와 선지, 평범하게 산책하는 듯

보이는 모습이다.

핸드폰으로 시간을 확인하는 길구, 새벽 2시 30분이다.

(점프)

편의점, 뭔가를 사서 파라솔에 앉아 먹기 시작하는 장수와
선지.

(점프)

아파트 놀이터, 그네를 타는 장수와 선지.

(점프)

다시 산책을 하는 장수와 선지, 시간이 갈수록 장수의 하품
도 늘어간다.

선지의 경로가 방해되지 않게 바닥의 잔돌들을 옆으로 치우
는 장수, 허리가 안 좋은지 주먹으로 툭툭 허리를 쳐본다.

선지가 걸음을 멈추자 장수가 보조 가방에서 생수를 꺼내 빨
대를 꽂고는 선지의 입에 가져다 댄다.

물을 쪽쪽 빨아 마시는 선지, 마치 하인처럼 보이는 장수의
이상한 행동들.

장수

동네가 아직 낯설죠? 금방 또 익숙해져요.

선지

저번 동네엔 바로 앞에 세 군데나 있었는데…… 여긴
길까지 건너야 되고…… 맘에 안 들어…….

장수

이사 가야 된다고 난리 친 게 누군데!! 내가 얼마나
무리했는데요! 진짜 영혼까지 끌어모았다고!

선지

똥값도 안 되는 네깟 영혼! 내 감 못 믿어?
이 동네 곧…….

장수

곧 뭐? 올라요? 얼마나 어!? 언제에?!

선지

(갑자기 표정이 바뀌고 정신을 잃어가는 표정으로)
곧…… 크흑…… 으…… 이게 진짜…… 헉…….

고개를 마구 돌려대더니 갑자기 고개를 푹 숙이는 선지, 미
동이 없다.
익숙하단 표정으로 시간을 보더니 준비 운동을 하곤 선지를
업는,

장수

(선지를 등에 업은 채 일어나며)
으이차!!

(뚜둑!! 허리에서 나는 소리와 함께 부동자세가 되며)

아…… 악………… 크…….

장수의 등에서 점점 미끄러지며 바닥으로 떨어질 것 같은
선지.

이를 악물며 선지를 잡으려 노력하는 장수, 몸이 맘처럼 움
직이지 않는다.

점점 미끄러지던 선지가 바닥에 떨어지려는 순간!

장수

크흑…… 안…… 돼에!!!

두 눈을 질끈 감는 장수, 잠시 시간이 흐르고…… 이상한 기분
에 고개를 돌려보면 선지의 등을 두 손으로 받치고 있는 길
구의 모습이 보인다.

장수

(앞으로 고꾸라지며)

너…… 너…… 으…….

25. 병실 — 실내/낮

선지

(뛰어 들어오며)

아빠!!!

장수

뭘 또 뛰어와…… 뛰지 마, 다쳐!

선지

뭐야!! 어쩌다 이랬어!!

장수

무지하게 귀한 거 들다가 이렇게 됐네…….

아빠도 이제 늙었나 봐……. 옛날엔 번쩍번쩍 들고

그랬는데…… 허허…….

(선지 뒤에 따라온 아라를 보며)

넌 왜 왔어?! 가게는 어쩌고!

아라

아라? 내가 오고 싶어서 왔어?! 이 사태를 수습해야 할

거 아냐!!! 어떡할 건데!! 어!! 확 그냥 다 엉?!

장수

선지야! 아빠 물티슈하고 과자 좀 사다 줄래?

(점프)

아라

언니 보고, 새벽에 빵 굽고, 가게 보고 나 혼자 다
하라고?! 난 감당 못 해!! 어떻게 업고 와! 보기만
그렇지 다리에 이거 다 지방이야!

장수

알어어! 동구는? 어? 동구한테 연락해봐!!

아라

우리 엄마 아들 정동구? 한 달 전에 장가가서
제주도에서 신혼 생활 중인 그 정동구?

장수

아 씨…… 친척 많은 거 하나도 안 부러웠는데……
이럴 때…… 형님은 왜 딸랑 둘만 낳아가지고!! 씨!
팍팍 좀 낳지!!

아라

혈연 쿠폰 다 썼고! 딴 방법 없어! 내가 생각 좀
해봤는데…… 우리 친척의 개념을 좀 확장시켜보자고!
넓~게!

장수

뭔 소리야……?

아라

……이웃사촌 ……것도 사촌은 사촌이잖아?

(점프)

길구

(쇼핑백을 건네며)
별거 아니지만……. 쾌차하시길 빕니다…….

장수

(쇼핑백에서 꿀 상자를 꺼내 살펴보며)
병원에 무슨 꿀을…… 흠…… 너, 내가 우리한테 관심
갖지 말랬지…….

길구

아니, 그게! 쓰레기 버리러 나왔다가!! 우연히!!

장수

뭘 또 우연히야?! 너 직업이 행인이야?!
왤케 돌아다녀!!
(잠시 화를 누르며)
⋯⋯가져오란 건?

길구

(봉투를 꺼내 장수에게 내밀며)
아⋯⋯ 예⋯⋯ 근데⋯⋯ 이건 왜⋯⋯.

장수가 봉투를 꺼내보면 길구의 주민등록등·초본과 이력
서다.

장수

어머니가 우리 아파트 전 부녀회장님에⋯⋯
아버지는 고등학교 교장 하셨네?

길구

예⋯⋯ 두 분 다 지금 미국에 있는 누나한테
가 계세요⋯⋯. 조카가 태어나서⋯⋯.

장수

너 전과 있어? 특히 성범죄 같은 거! 조사하면 다 나와!

길구

없습니다!! 저 그런 사람 아닌데요!!

장수

(길구를 쓰윽 훑어보더니)

운동했어?

길구

예…… 태권도를…….

장수

흠…….

길구

(양손을 좌악 펴고 손가락을 하나씩 접으며)

하고 합기도, 검도, 탁구, 배드민턴,

테니스, 축구, 농구,

(과거 경험한 운동들이 한 장면씩 보여지며)

배구 그리고 조정! ……은 군대 가기 전까지 했습니다.

장수

……제대로 할 줄 아는 건 하나도 없단 얘기구만…….

크흠…….

(이력서를 바라보며)

회사는 왜 관뒀어? 나쁜 짓 하다 짤렸어?

길구

아닙니다! 제가 관둔 겁니다! 일도 적성에 안 맞고

너무 괴롭고 힘들어서……. 몸도 막 너무 심하게 아파

오고요…….

장수

너만 그래?! 그건 전 국민이 다 그래! 비켜봐!

(건너편 환자 아저씨에게)

아저씨! 아프죠! 뭐 하다 그랬어요?!

환자 아저씨

나요? 일하다가 바닥에 뭐가…….

장수

봐봐, 인마! 일하면 다 아파! 너 무슨 생각으로

우리 따라다녔어……. 솔직하게 말해, 혼내려는 거

아니니까.

길구

······그게 ·····따님 마주칠 때마다 매번 딴사람처럼
이상한 행동이랑 말투로 변하시는데······ 너무
궁금해서요! 죄송합니다! 다신 그러지 않겠습니다!
근데 저 진짜 이상한 사람 아닙니다!

장수

······고개 들어. ·····나 봐! 내 눈 똑바로 보라고!!
(길구의 얼굴을 한참이나 뚫어지게 바라보다가)
······하 ·····후우 ·····미치겠네 진짜······. 너 지금부터
내가 하는 얘기 잘 들어······. 커튼 쳐!

몸을 돌려 침대 가리는 커튼을 치는 길구.

26. 길구의 집 — 실내/밤

화장실, 샤워를 끝내고 샤워 커튼을 걷는 길구.
길구의 방, 붙박이장에서 옷을 하나 골라 꺼내는 길구.

27. 선지의 집 앞 복도 — 실내/밤

나름 최대한 멋지게 옷을 입은 채 초조한 표정으로 복도에
서 있는 길구.

선지의 집 쪽에서 잠금장치 해제하는 소리가 들려온다.

심호흡을 하는 길구, 현관문이 열리며 선지와 아라가 모습을
드러낸다.

선지

(길구를 발견하고 달려들며)

너였냐?! 새로 온다는 놈이!! 너 이 자식!!

아라

(선지를 말리며)

왜 그래!! 윗집 사는데 좋은 사람이야!

말 잘 듣게 생겼잖아! 며칠만!! 응?! 안 그럼 내가

따라다녀? 그건 또 싫잖아! 어?

놀란 얼굴로 선지를 바라보며 장수의 말을 떠올리는 길구.

장수(소리)

우리 선지는 남들과 많이 달라⋯⋯. 믿기

힘들겠지만⋯⋯ 우리 선지는⋯⋯ 악마다!

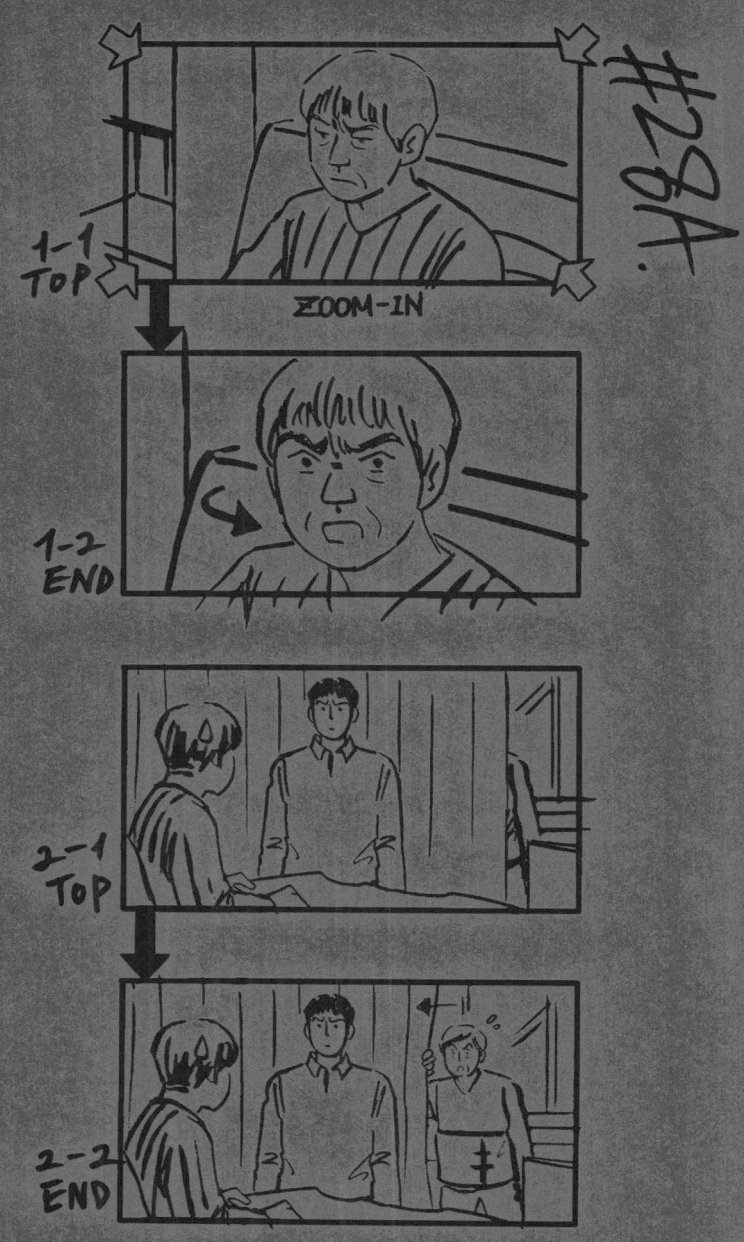

28. 병실 — 실내/낮

장수

악마야! 악마를 품은 채 태어났다고!! 매일 새벽 2시
언저리부터 세 시간 정도…… 우리 선지는 악마에게
몸을 뺏기고 완전히 다른 사람처럼! 악마로 변한다고!!

황당한 표정의 길구와 어느새 옆에 와서 얘길 듣고 있는,

환자 아저씨

(커튼을 젖히고 길구를 바라보며)
아이고…… 머리도 다친 거야?

장수

뭐야! 왜 남의 말을 엿듣고 그래요!! 저리 가요!
우리…… 책 얘기 하는 거예요! 책!!
애들 보는 거…… 동화책!!

환자 아저씨

(자리로 돌아가며)
아니, 뭔 동화책이길래 악마가 어쨌다 저쨌다
그래…….

길구

(눈치를 살피다가 뒤로 물러나며)

저…… 그럼 저는 이만…….

장수

(길구의 옷을 붙잡고)

진짜야!! 거짓말 아니야!! 너도 봤잖아! 딴사람처럼
왔다 갔다 하는 걸! 이중인격이니 뭐 그런 거 아냐!!
조상 대대로 이어진 저주라고!!

(인서트)

- 어두운 공간, 악마 선지 뒤로 보이는 조상들의 실루엣.
- 산기슭, 거대한 보름달을 바라보는 악마 선지의 뒷모습.
- 미친 사람처럼 괴성을 지르는 악마 선지의 정면 얼굴.

장수

놈이 원하는 대로 해주지 않으면 무슨 일이 벌어질지
몰라……. 매일 밤 밖을 돌아다니는 것도 놈이 달빛을
좋아해서 그런 거고……. 지금 이 정도도 엄청 많이
좋아진 거야……. 우리 선지는 자기가 악마로 변한다는
걸 몰라! 그 시간의 기억은 없다고!! 선지가 이걸
알게 되면 제대로 살아갈 수 없게 돼! 그러니까 길구!
부탁할게! 우리 좀 도와줘! 어?! 제발…….

1

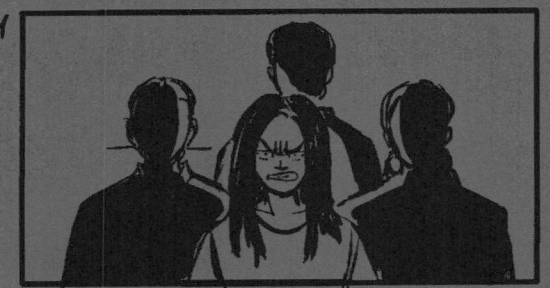

2

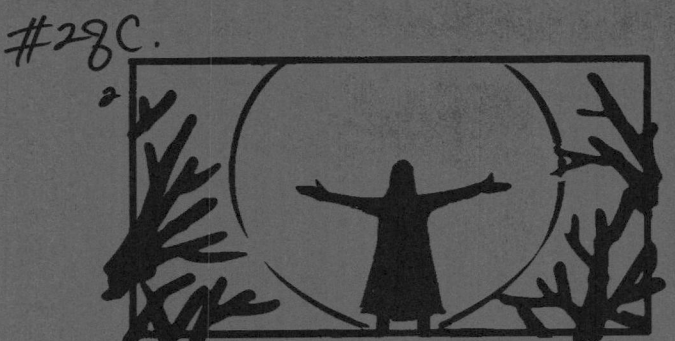

1

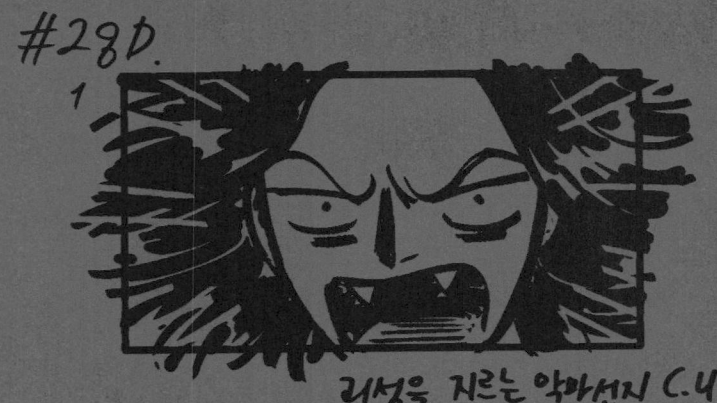

러성을 지르는 악마선지 C.U

29. 아파트 광장, 인공 연못 앞 — 실외/밤

광장 가운데에서 달을 향해 양팔을 벌리고 서 있는 악마 선지.

조금 떨어진 곳에서 이를 바라보고 있는 길구.

악마 선지

(고개를 휙 돌리더니 길구에게 다가가며)

미천한 인간 주제에 감히 내 몸에 손을 대?!

각오는 돼 있겠지!?

(어쩔 줄 몰라 하는 표정의 길구를 보다가)

너…… 내가 악마로 보여?

길구

아뇨! 악마는 무슨…….

악마 선지

난 그냥 악마가 아니야! 악마 중에서도 상급 악마다!

너같이 하등한 인간 따위에게 이 뿔과 날개가

보이겠냐?

(보이지도 않는 이마의 뿔을 만지고 날갯짓을 하며)

그 눈빛은 뭐야? 지옥의 화염 맛을 봐야 믿겠어?!

후흡!! 크아학!!!

길구

(손으로 얼굴을 막으며)
어헉!!!

악마 선지

크헤헤헤!! 바보 놈…….
(바로 정색하며)
깊네……. 칼을 쓰지도 못하는 놈에게 휘두르라
했으니……. 남도 베고 자기도 베이고…… 상처 곪은
냄새가 진동을 하네…….
(놀라서 아무 소리도 못 하는 길구를 바라보며)
들켰어? 부끄럽지? 화나지? 분출해봐! 너희들 원래
악하잖아! 그 악한 본성을 드러내보라고!! 어!!?

30. 병실 앞 복도 — 실내/낮

길구

(경품으로 뽑은 마사지기 박스를 내밀며)
제가 감당할 수 있는 일이 아닌 거 같습니다. 따님
데리고 빨리 전문 병원을 가보시는 게…….

장수

(박스를 받아 보조 보행기 위에 올리고 걸어가며)

걔가 뭐라 하지? 속에 꽁꽁 숨겨둔…… 아무도
몰랐으면 하는 것들을 끄집어내지? 악마니까……
사람의 맘을 갖고 노는 게 즐거우니까! 못 믿겠으면
그냥 간병인이라 생각하고 옆에서 보호만 해줘!
내가 알바비는 넉넉하게 챙겨줄게! 내가 아무한테나
우리 딸 맡기겠어? 널 믿으니까! 우리 사이 벽 한
장밖에 없는 이웃사촌이잖아! 응?!
(길구 표정이 좋지 않자)
그래 어쩔 수 없지…… 그럼 우리 불쌍한 선지……
내 허리가 뿌러지더라도!!
(보조 보행기를 밀치고 반대로 걸어가다 쓰러지며)
선지야!! 아빠가 간다!! 커헉……! 큭…….

길구

헉! 괜찮으세요!!?! 어! 여기!! 여기요!!
(장수가 더 고통스러워하자)
할게요! 제가 그냥 며칠 더 해볼게요!! 이러지 마세요!

장수

그래, 고마워! 정말 고마워……. 내가 이 은혜는 잊지
않을게……. 길구! 뭐 하나 더 물어보자……. 너 낮에는
뭐 하니?

31. 정셋빵집 — 실내/낮

길구

안녕하세요…… 이길구입니다. 잘 부탁드리겠습니다.

선지

아! 네! 말씀 들었어요. 정선지입니다. 잘 부탁드려요.

어제와는 너무도 다른 선지의 모습이 당황스러운 길구.

아라

안녕하세요! 정아라예요! 자 일단 제가 교육을 좀…….
(길구를 구석으로 데려가며)
헷갈리죠? 익숙해지려면 시간 좀 걸릴 거예요…….
황당할 거야……. 알아, 내가 다 알아…….

길구

……진짜 ……아무것도 기억 못 하는 거예요?

아라

어…… 진짜 악마로 변했던 건 기억 못 해! 근데
제일 중요한 건 언니가 이 사실을 절대 알아선 안 돼!
알았지?

(길구를 바라보다가)

와~ 끝까지 못 믿네?

길구

……아니, 이걸 어떻게 믿어요…….

아라

믿기 싫어도 믿게 될 거야! 우리도 외부인한테 도움

받는 건 처음이야! 와! 첨엔 진짜 막막했는데!

(자기 머리를 손가락으로 가리키며)

내가…… 이게 좀 빨라야지!

(플래시백)

장수가 구급차에 실려 가던 날 밤. 선지를 업고 있는 길구에

게 묻는,

아라

저기요! 무슨 일 하세요?

길구

아…… 저 잠깐 쉬고 있습니다.

(다시 현재)

아라

백수잖아, 그럼! 또 바로 윗집 산다네? 얼굴도 딱 보니까 뭐가 없어……. 어떤 뭐랄까…… 없어……. 완전 아라!! 싶더라고! 앞으로 우리 잘해보자고! 응?

길구

……네…….

아라

네는…… 오빠도 말 놔! 나 아까부터 놨잖아. 자! 그럼 우리 빵 이름부터 외워볼까? 이게…… 식빵!!

길구

……시 ……식빵…….

32. 아파트 광장, 인공 연못 앞 ― 실외/밤

악마 선지

춤춰봐…….

길구

예?

악마 선지

춤춰보라고!

길구

춤 못 추는데요…….

악마 선지

근데 왜 이렇게 신났어? 알바까지 하면 기회가 생길 거
같았어? 네깟 놈이 얘 눈에 들어올 거 같아?

길구

아니, 그런 게 아니라! 도와달라고 하셔서 어쩔 수
없이…….

악마 선지

어쩔 수 없이 얘를 그렇게 사랑스럽게 바라봤겠지…….
환한 웃음을 숨 쉬듯 지어 보이면서…….
(길구 얼굴에 바람을 불어넣으며)
후~.

길구

(깜짝 놀라 몇 미터 떨어지며)
헉! 아니라고요! ……근데!

(뭔가 깨달은 표정으로)

선지 씨는 아무 기억도 못 한다는데! 그쪽은 내가
알바하는 걸 어떻게 알아요!? 헉!!

(뒤돌아 주변을 둘러보며)

이거 그거죠…… 말도 안 되는 상황 만들어서 사람
속이는 거…….! 지금 숨어서 다 찍고 있죠?! 카메라
어디에 숨겨놨어요? 내 이럴 줄 알았어! 헉!!

악마 선지

(어느새 길구 등 뒤에 바짝 붙어서)

너 뭐라도 돼? 너 따위가 속는 걸 누가 보고 싶어 해?
한 몸뚱이에 같이 사는데 모르는 게 더 이상하지……. 난
모든 걸 다 알아……. 얘만 아무것도 모를 뿐이지…….

악마 선지가 갑자기 어깨를 쓰다듬자 놀라서 다시 멀리 떨어
지는 길구.

악마 선지

(손을 앞으로 내밀며)

자…… 잡아봐, 이 부드러운 손을…… 어서! 얘 지금
자고 있어! 모른다니까! 우리 둘만 알면 돼!!

(표정이 빠르게 변하며)

……오빠……저 ……오빠 좋아해요…….

갑작스러운 고백에 당황스러워하다가 장수의 말을 떠올리는 길구.

장수(소리)

놈이 악마란 걸 잊지 마! 놈은 널 망가뜨리려고 별짓을
다 할 거야! 거기에 넘어가면 놈이 더 강해져!

악마 선지

⋯⋯저 ⋯⋯진짜 오빠 좋아하게 된 거 같아요⋯⋯.

길구

거⋯⋯ 거짓말!! 안 속아!! 이렇게 쉽게 날 좋아하는
사람이 어딨어!! 그런 역사가 없어!! 친구로 지내자
까이고! 오빠로 지내자 까이고! 진지하다 까이고!!
재미없다 까이고!! 소심하다 까이고!! 사귀어도 오래 안
가고!! 이때까지 그랬다고!! 그게! 나란 놈이라고!!

씩씩대는 길구, 어디선가 들리는 개 짖는 소리 그리고 이어
지는 정적.

악마 선지

⋯⋯알았어.

길구

(가슴을 손을 얹고 주저앉으며)

······크헉 ······가슴이 ······가슴이 ······크흑·······.

악마 선지

(고갤 돌려 시계탑을 바라보고 놀라며)

헉!! 에이씨!!

갑자기 뛰기 시작하는 악마 선지와 영문도 모른 채 뒤를 쫓아가는 길구.

33. 편의점 ― 실내/밤

급하게 뛰어 들어온 악마 선지가 디저트 진열대로 가서 뭔가 찾기 시작한다.

뒤이어 숨을 헐떡이며 내부로 들어오는 길구.

악마 선지가 디저트 칸에서 폰폰시폰을 싹 쓸어 와 카운터에 올려놓는다.

악마 선지

편돌이! 폰폰시폰 플레인 흰색! 이것만 갖다 놔!
민트초코 초록색! 이건 절대 갖다 놓지 마! 이건 먹는 게
아냐!

(민트초코 맛 폰폰시폰을 뒤로 던지며)
악마도 기겁할 맛이라고! 퉤!!

편의점 알바

지금 뭐 하시는 거예요?! 왜 반말이세요?!

길구

죄송합니다! 제 동생인데! 머리에 문제가 좀!

악마 선지

빨리 찍어, 편돌이!! 빨리!! 손이 느려!! 새로 왔어?!

길구

(카드를 꺼내며)
죄송합니다! 좀 이해해주세요! 죄송합니다!!

문을 벌컥 열고 들어오는 십 대 여학생, 카운터에 쌓인 폰폰시폰을 보고는 디저트 칸으로 달려간다. 폰폰시폰이 없자 울음을 터트리는,

여학생

아아앙……!!!

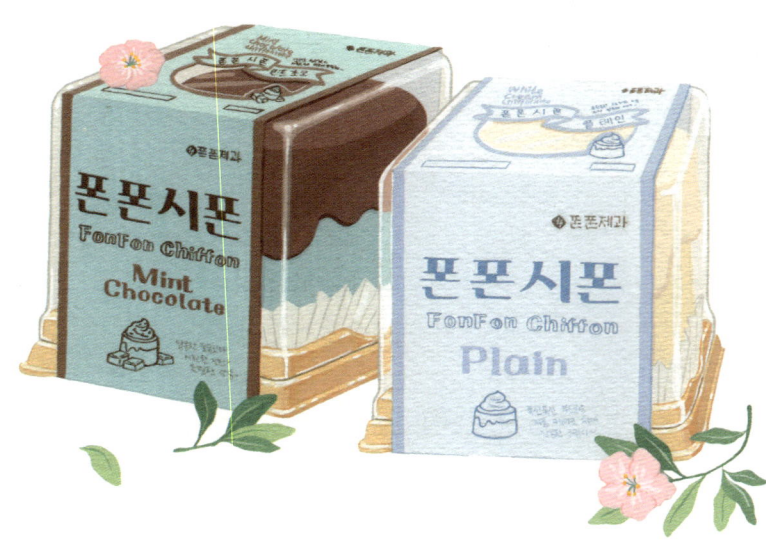

34. 편의점 앞 — 실외/밤

야외 테이블에 앉아 게걸스럽게 폰폰시폰을 먹는 악마 선지.

조금 떨어진 기둥 뒤에 숨어 이를 째려보며 씩씩대고 있는 여학생.

악마 선지가 먹다 남은 폰폰시폰을 보란 듯이 땅에 던져버린다.

충격받은 얼굴로 울먹이며 자릴 뜨는 여학생.

악마 선지

케케케케케······.

길구

(혼잣말로)

······진짜 악마도 이렇겐 안 할 거 같은데······.

(손을 조심스레 들면서)

저! 질문······ 요······. 악마가 왜 선지 씨 몸에서
그러고 있어요?

악마 선지

얘 조상이 나한테 큰 죄를 졌어······ 절대 씻을 수 없는
죄를······. 그 벌을 물려받는 것뿐이야.

(길구가 입을 떼려는 순간)

언제까지냐고? 물론 영원히지. 키키키키……

그러니까 앞으로 나한테 절대 복종해! 그러지 않으면
얘한테 어떤 일이 벌어질지 나도 장담 못 하니까…….

길구가 못 믿겠다는 표정으로 카메라가 어디 있나 주변을 둘
러본다.
표정이 싸늘해지는 악마 선지, 갑자기 테이블에서 일어나 난
동을 부린다.
주변에 있던 쓰레기통을 집어 던지며 보이는 건 다 발로 차
버리는 악마 선지, 근처 벽에 붙어 있던 매미까지 잡더니 입
맛을 다시며 입에 넣으려 한다.

길구

우아아아!!!
(악마 선지의 손을 낚아채고)
알겠어요!! 알겠어!! 악마 맞아!! 악마 맞다고요!!
믿을게요!! 믿을 테니까 다신 이러지 말아요!

악마 선지

(냉정한 표정으로)
너도 다신 나를 의심하지 말아라…… 다시는…….

악마 선지가 잡고 있던 매미를 놓아주자 매미가 매엠~ 소릴
내며 멀리 날아간다.

35. 정셋빵집 — 실내/낮

선지

(시식용 빵을 자르면서)

시식용은 이 정도 크기로 끝까지 다 자르세요.

(자신의 얼굴을 빤히 바라보는 길구를 보고)

왜요?

길구

아…… 아니에요…….

선지

저기 오빠……

(오빠란 말을 내뱉고 스스로 흠칫하며)

어……? 아…… 저 사실 첨엔 뭐 하러 알바까지 쓰나

했는데…… 오…… 오빠랑 지내보니까 일도 많이

줄고…… 저 공부할 시간도 생기고…… 지금은 너무

좋은 거 같아요.

길구

⋯⋯저도요⋯⋯.

선지

저한테도 말 편하게 하세요. 아라하고는 말 편하게
하면서⋯⋯. 저도 오빠랑 빨리 친해지면 좋잖아요⋯⋯.

길구

아⋯⋯ 네⋯⋯ 아⋯⋯ 알겠어⋯⋯. 그럴게⋯⋯.

선지

네에! 아! 저 학원 갈 시간이라서! 다녀올게요!

길구

어!! 그래! 다녀와⋯⋯!
(가게 밖으로 나간 선지의 뒷모습을 바라보며)
⋯⋯너도 나랑 친해지고 싶었구나⋯⋯. 나돈데⋯⋯.
(씨익 웃으며)
나돈데!!

갑자기 몸을 들썩이며 막춤과 아무 말 노래를 시작하는,

길구

뚜뚜루뚜뚜!! 너도 나랑 친해지고 싶었구나! 나돈데!!
데레덴덴데~ 친해지면 좋지! 정말 정말 좋지! 아직은
헷갈리지만! 친해지고 싶은 건! 나! 돈! 데!

음악 방송 엔딩 포즈로 춤을 마치고 숨을 헐떡이는 길구, 이
내 표정이 굳는다.
가게 밖에서 모든 걸 다 지켜본 아라가 황당하단 표정으로
바라보고 있다.

36. 몽타주

(길구, 선지 각자의 집)

- 선지의 방, 자고 있다가 눈을 번쩍 뜨며 일어나는 악마 선지.

- 선지의 방에서 나오는 악마 선지, 안방 비밀 옷장에 숨겨놓
  은 옷을 골라 입는다.

- 길구의 집, 소파에 누워 있던 길구가 시간을 확인하곤 일어
  난다.

- 거울을 보며 화장을 진하게 하는 악마 선지.

- 보조 가방에 물과 빨대를 챙겨 넣고는 신발을 신고 밖으로
  나가는 길구.

- 신발을 신고 밖으로 나오는 악마 선지, 문 앞에서 대기하던
  길구와 만난다.

#36DA.
1-2

#36DC.
1-2

out

TRACKING

#36DD.
1-1

IN

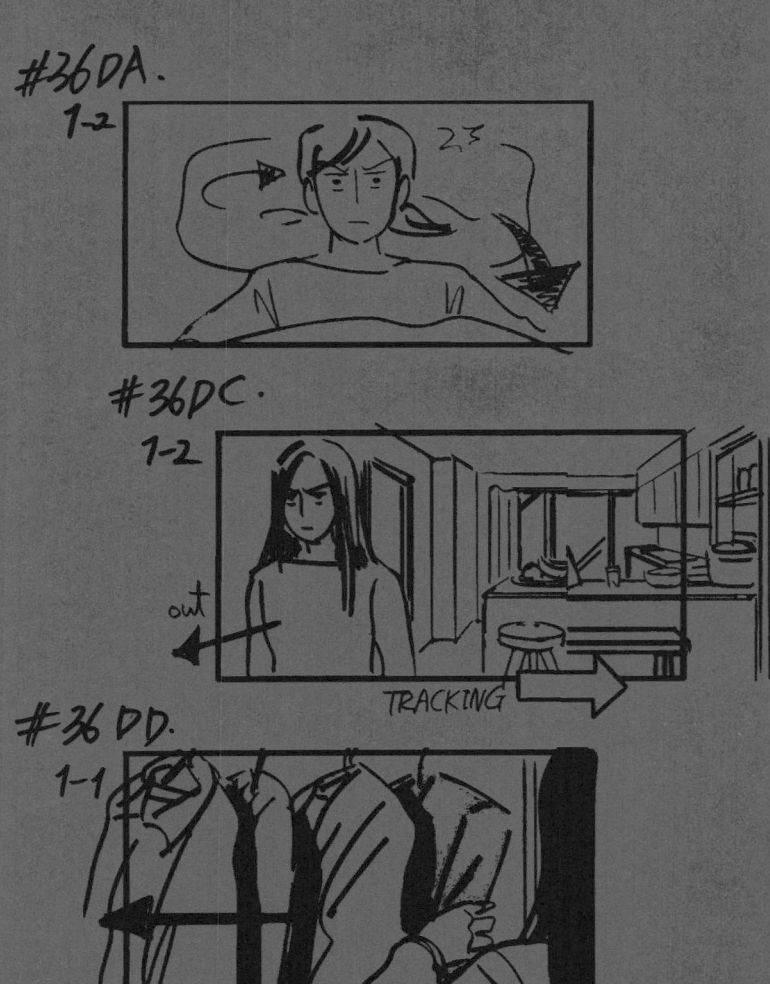

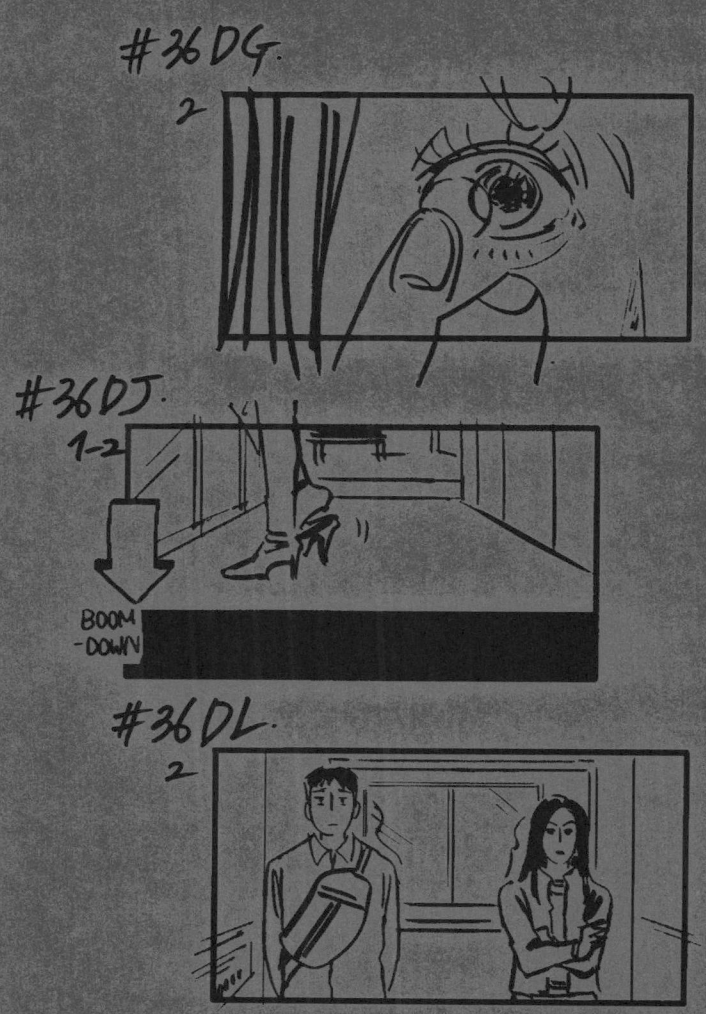

#36 DG.
2

#36 DJ.
1-2

BOOM
-DOWN

#36 DL.
2

(아파트 놀이터)

악마 선지가 탄 그네를 밀고 있는 길구.

악마 선지

더 세게 밀어!! 약한 놈!! 이 정도밖에 못 해?!

자존심 상한 표정으로 있는 힘껏 그네를 미는 길구.

악마 선지가 그네에서 튕기더니 공중으로 날아가 땅으로 떨어진다.

성난 표정으로 벌떡 일어나 근처에 있던 돌을 주워 길구에게 달려가는 악마 선지.

(병원)

장수가 핸드폰 위치 추적 앱으로 두 사람의 복잡한 동선을 보고 고갤 갸웃댄다.

(정셋빵집)

- 카운터, 계산 실수를 하고 손님들 질문에도 잘 대답하지 못하는 어설픈 길구.

- 빵집 밖에서 창문을 닦으며 공부를 하고 있는 선지를 몰래 바라보는 길구.

- 제빵실, 밀가루 포대를 여러 개 옮기는 길구, 선지와 아라의 감탄에 으쓱댄다.

(편의점)

악마 선지

진짜 없어?! 내 눈 똑바로 보고 말해!

편의점 알바

없어요. 진짜 다 나갔어요.

길구

그만 가요! 귀찮게 해서 죄송합니다.

악마 선지

(갑자기 고개를 푹 숙이고 훌쩍대며)
흑…… 흐흑…… 자꾸 편돌이라 불러서 죄송해요…….
사실…… 사실 저 얼마 살지 못해요……. 폰폰시폰
흰색…… 그거 먹는 게 남은 생 유일한 낙이었는데……
흐흑…….

편의점 알바

(갈등하다가 숨겨둔 폰폰시폰 플레인을 하나 꺼내며)
하…… 이거 꼭 하나만 챙겨달라고 부탁받은 건데…….

악마 선지

(감동한 표정으로)
……어……! 정말…… 흑…… 감…….

(표정이 확 바뀌더니 폰폰시폰을 냅다 뺏으며)

감히 날 속인 거냐! 편돌이?!! 키키키키!!

이때 문을 열고 들어오는 여학생, 편의점 알바가 고개를 젓자 이내 울먹이기 시작한다. 옆에서 낄낄대며 폰폰시폰을 먹는 악마 선지.

길구

와……. 진짜 악마…….

(정셋빵집)

교복을 입은 편의점 여학생이 시식용 빵을 죄다 입안으로 꾸역꾸역 집어넣으며 선지를 째려본다.

(아파트 재활용 쓰레기장)

버려진 자기들과 항아리들을 들어서 살펴보다가 옆으로 계속 던지는 악마 선지.

길구가 빠르게 움직이며 이를 연속으로 받아내지만 몇 개는 깨져버린다.

멀리 나무 뒤에 숨은 채 이 모습을 동영상으로 찍고 있는 아라.

(병원)

아라가 보내온 영상을 핸드폰으로 보며 안심하는 장수.

장기판을 두고 마주 앉은 옆자리 환자 아저씨가 빨리 두라고 재촉한다.

(정쇳빵집)

카운터, 능숙하게 계산을 하고 손님들 응대에 노련해진 길구
의 모습.

테이블 앉아서 이를 보며 헛웃음을 짓는 희범.

아라

(테이블에 치즈케이크를 한 조각 내려놓으며)

이거…… 서비스요.

희범

어! 감사합니다…….

(케이크를 재빠르게 한 입 먹어보고)

음! 마스카르포네가 진한 게 좋은 치즈 쓰네…….

진짜였구나…….

아라

(이 소릴 듣고 뒤돌아 희범에게 다가와서)

어떻게 알았어요? 테스트라 단가 생각 안 하고 진짜

좋은 치즈 쓴 건데…… 맛 괜찮아요?

엄지를 내밀며 씨익 미소 짓는 희범, 이 사이에 크림치즈가
잔뜩 껴 있다.

두근두근, 아라의 눈빛이 흔들린다.

(제빵실)

갓 만든 빵을 꺼내는 선지, 빵을 찢어서 길구의 입에 넣어준다.

환한 웃음으로 엄지를 들어 올리는 길구.

(선지의 집)

화장을 하는 악마 선지 옆에서 계속 조르고 있는,

아라

(주식 종목 추천 종이를 내밀며)

떡상! 상한가! 성장성! 잘 좀 봐봐!!

('떡상'이라 인쇄된 스티커를 내밀며)

잘될 거 같은 회사 이름에 붙여봐! 제발! 악만데 이런 감은 있을 거 아냐!! 이 옷! 화장품! 누가 사주는 건데!!

떡상 스티커를 떼서 아라 이마에 딱! 붙이고 밖으로 나가는 악마 선지.

아라

아 진짜! 제바알!!

(아파트 산책길)

- 악마 선지에게 빨대 꽂힌 생수를 입에 대주곤 피곤한지 연

신 하품을 해대는 길구. 물을 마시던 악마 선지가 갑자기
고갤 푹 숙이고 눈을 감는다.

- 악마 선지에서 변한 선지를 업고 집으로 돌아가는 길구.

(선지의 방)

길구가 선지를 침대에 눕히자 옆에서 하품을 하던 아라가 달
라붙어 선지 얼굴의 진한 화장을 지우기 시작한다.

점점 드러나는 선지 본연의 얼굴, 길구가 이를 잠시 바라보
다가 방에서 나간다.

(길구의 집)

침대에 쓰러지듯 눕는 길구, 이전과 다르게 금세 잠에 빠져
들고 그 옆 책상 위에는 뜯지 않은 수면제 봉투가 그대로 쌓
여 있다.

37. 병실, 정셋빵집 ― 실내/밤·낮

어두운 병실 안, 침대 기둥에 양팔이 묶인 채 발광하고 있는
악마 선지.

옆에서 신부복을 입고 의식용 종을 치고 있는 아라. 땡!

신부복을 입은 장수가 성호를 긋더니 악마 선지에게 성수를
뿌리며 소리친다.

장수

그 몸에서 당장 떠나라! 당장! 나가!! 가! 좀! 가라고!!

악마 선지

싫은데? 완전 싫은데? 메롱! 어쩔 건데? 어쩔 건데?!

아라

(악마 선지에게 달려들어 주먹을 날리며)

나가라면 좀 나가라고! 나가!! 안 나가?! 좀 꺼지라고!!

(카메라 정면을 바라보며)

뭐 이렇게?

정셋빵집, 멍한 표정으로 상상에 빠져 있는 길구.

아라

(길구를 툭 치며)

어?! 그런 거? 얼굴 왜 이래?

길구

(멍한 표정에서 빠져나오며)

아⋯⋯! 아니, 막 때리고 그런 거 말고! 퇴마 의식 같은

거 있잖아⋯⋯ 영화 같은 데 보면⋯⋯.

아라

건 영화고⋯⋯ 우리가 논 줄 알아? 다 소용없어⋯⋯.

길구

그럼 선지는 진짜 평생을 이렇게 살아야 되는 거야?

아라

몰라! 여튼 많이 좋아지긴 했어! 예전엔 거의 반나절은
그랬다던데…… 오빠는 끌려다니지 좀 마! 세게
나가! 인간이든 악마든 상대방이 약해 보인다 싶음
우습게 보는 건 똑같다고!! 언니 아니야! 잘해줄 필요
없다니까?!

길구

어떻게 넌 그렇게 막 대하냐? 말은 네가 그냥 놓은
거야? 뭐라 안 해?

아라

아! 그거…… 걔가 어느 날 심심했는지 갑자기 나랑
내기를 하자는 거야! 이기면 뭐든 들어준다고…….
그래서 했지!

(인서트)

속임수 야바위로 악마 선지를 이기는 아라.

아라

왜 졌는지 아직도 모를걸? 크하하! 그담부턴 나랑 내기
안 하잖아! 으헤헤!

길구

이기면 뭐든 들어준다고 하는 내기에…… 넌 겨우 말
까는 걸 걸었다고?

아라

응! 왜?

38. 실내 인형 뽑기방 — 실내/밤

길구

아무거나 골라봐요. 내가 세 번 안에 뽑아줄 테니까.

악마 선지

뽑으면?

길구

……선지 몸에서 나가줘요. 영원히!
(악마 선지가 밖으로 나가려 하자)
알았어요! 알았어! 그럼 선지 몸에서 그쪽 내보내는

방법만……! 거기에 말 놓는 거 없어서……?

악마 선지

……못 뽑으면 ……내가 깨어 있는 시간을 지금보다
곱절로 늘릴 거야! 나중에 후회해도 소용없어! 나,
내기에 진심이거든…….

잠시 고민하던 길구, 천천히 고개를 끄덕인다.
찬찬히 인형을 골라보는 악마 선지, 인형 하나가 눈에 띈다.

악마 선지

저거!

길구

(뽑기가 까다로워 보이자 일부러 딴 인형을 가리키며)
이거요? 요 앞에 이거?

악마 선지

아니! 저거!! 왜…… 쫄려?

길구

……나중에 딴말하기 없어요. 약속 지켜요!

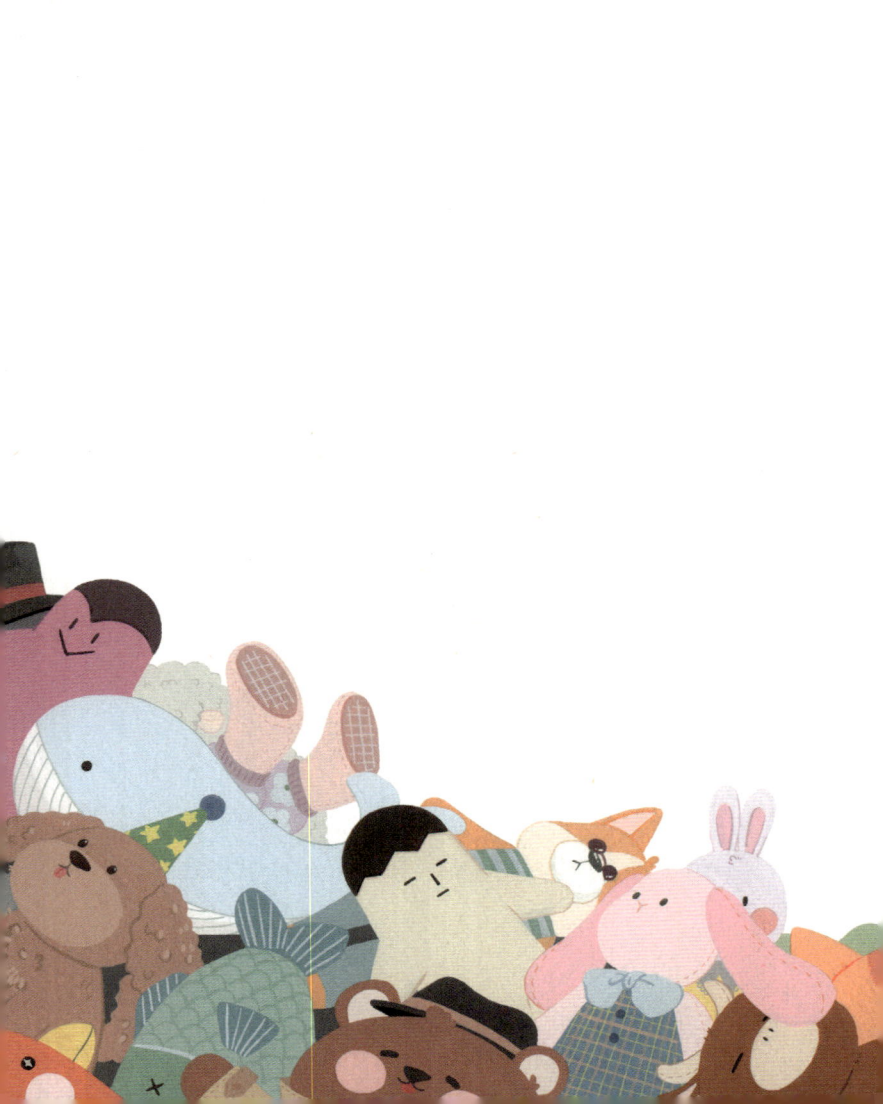

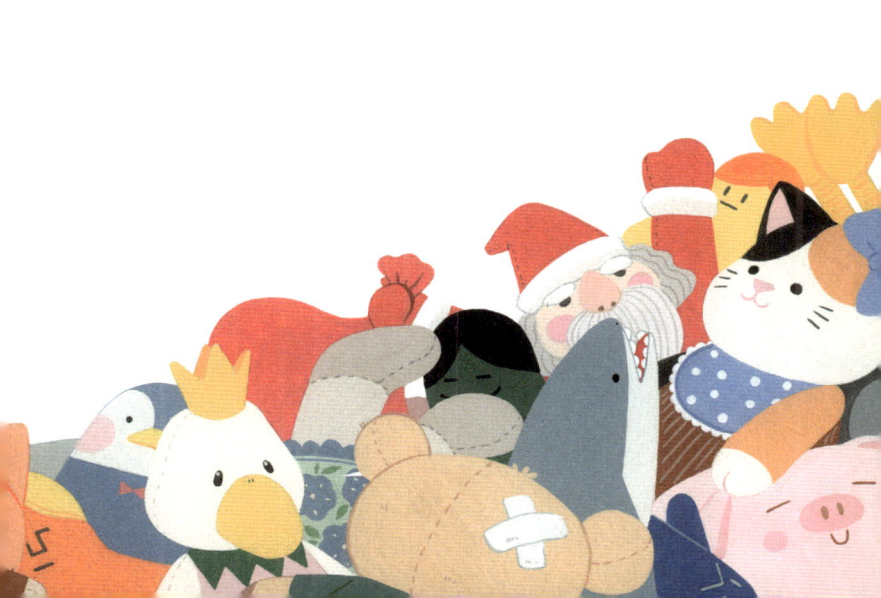

기계에 돈을 집어넣는 길구, 탁! 탁! 탁! 세 번 만에 인형을 뽑는 데 성공한다.

길구

됐어!! 후!! 하!! 자!! 말해요! 아니, 말해! 널 선지
몸에서 영원히 내보내는 방법!

악마 선지

(별거 아니라는 듯)
훗! 잘 들어! 내 이름 부르면서 이 몸에서 나가라고 세
번 명령해! 그럼 내 당장이라도 나가줄게!

길구

······그게 다야? 진짜 그렇게만 하면 돼? 너 이름이
뭔데?

악마 선지

아! 내 이름? 무우우우······.

길구

무?

악마 선지

······모올라~. 내가 그걸 알려줄 거 같냐?!! 멍청한 놈!!

길구

(뽑은 인형을 악마 선지 손에 쥐여주며)
자! 앞 글자만! 어? 몇 글잔데! 아님 초성만이라도, 어?!

악마 선지

(인형을 들고 잠시 보다가)
못생긴 게 꼭 지 닮은 걸······. 그렇게 내 이름이 알고
싶어?

길구

어! 진짜 궁금해서 미칠 거 같아······.

악마 선지

(길구의 귀에 입을 가까이 대고는)
잘 들어, 내 진짜 이름은······ *끄어어어어커억~.*

길구의 귀에 트림을 내뱉더니 인형을 길구의 머리 위에 올려
놓고 밖으로 나가는 악마 선지. 충격을 받았는지 얼어붙은
채 움직이지 않는 길구.

39. 정셋빵집 — 실내/낮

계산대 옆에서 핸드폰으로 '악마 이름'을 검색해보는 길구.
쓸데없는 결과만 나오는 가운데 관련 영상 클립 중에 '점장
님은 퇴마사: 시즌3' 제목의 영상을 발견하고 플레이 버튼을
누른다.
주인공이 악령에 홀린 사람을 퇴치하는 내용의 드라마 영상
클립이 재생된다.

드라마 주인공

(손을 들어 악마에게 홀린 사람을 가리키며)
바기몬도! 너에게 명한다! 당장 그 몸에서 나와
지옥으로 돌아가라!!!

핸드폰 화면을 뚫어지게 바라보며 집중하는 길구.

희범

(갑자기 나타나서)
뭐 보냐?

길구

헉!! 뭐야……. 너 왜 왔어?!

희범

근처에 견적 내러 왔다가……. 흠…… 혼자 있냐……?

(주위를 둘러보다가 실망한 표정으로)

간다…….

길구

야! 너 잠깐 그대로 서 있어봐!!

(손을 들고 희범이를 가리키더니)

후…… 후…… 희범…… 희범!! 너에게 명한다! 당장
그 몸에서 나와!! 지옥으로 돌아가라!! 가라!!!

희범

(황당하단 표정으로 길구를 바라보다가)

……그래, 가라! 한강 물 지금 따뜻하대……. 가까운 거
알지…….

40. 브런치 카페 — 실내/낮

카운터에서 거래 명세서를 작성 중인 카페 여사장과 선지.
길구는 빵이 든 박스를 내부로 옮기고 있다.

카페 사장

빵 맛집이라고 소문났다니까요? 빵만 따로 포장해

가는 손님도 있어요!

선지

에이, 사장님 레시피가 다 한 거죠!

카페 사장

진짠데?
(빈 빵 박스를 들고 나와 땀을 닦는 길구를 보고)
어휴, 더우시죠!! 시원한 거 한잔 드릴까요? 뭐
드실래요?

선지

감사합니다! 오빠, 뭐 마실래요?

길구

아…… 그럼 난…… 아이스초코!
(빈 빵 상자를 들며)
나 이것 좀 차에 갖다 놓고 올게.

빵 상자를 들고 입구로 나가다가 영식(30세/남)과 쎄게 부딪히는,

길구

헉!! 죄송합니다!

카페 사장

어머, 어떡해! 괜찮으세요?!

영식

(옷에 묻은 빵 가루를 털어내며)

아…… 씨…….

선지

(길구를 먼저 살피곤)

오빠 괜찮아요?!

(영식에게 다가가서)

죄송합니다! 괜찮으세요?

선지를 바라보곤 갑자기 눈빛이 변하는 영식, 선지에게 가까이 다가가 얼굴을 뚫어지게 바라본다.

선지가 놀라서 아무 말도 못 하고, 영식이 선지의 손목을 잡으려 하는 순간!

길구

(영식의 팔을 붙잡으며)

정말 죄송합니다! 제가 앞을 못 봤습니다!

길구를 노려보는 영식, 길구의 손을 뿌리치며 화장실 쪽으로
사라진다.

(점프)

바깥 정원 테이블에 자리를 잡고 앉아 있는 길구와 선지.

길구

(선지의 민트초코스무디를 가리키며)
넌…… 민트초코 좋아하는구나……. 나 아는 사……!?
사람은 이거 완전 극혐하던데…….

선지

나도 첨엔 치약 먹는 줄 알았어요! 근데 먹다 보니까
계속 땡겨서……. 아함~ 아…… 왜 이렇게 졸리지…….

길구

당연히 졸리지…….
(아차 싶어 빠르게 말을 이으며)
……어제 잘 못 잤어?

선지

……꿈을 꿔서 그런가? 제가 거의 매일 같은 꿈을

꾸거든요? 내가 막 계속 돌아다니는데 혼자가
아니고…… 옆에 계속 뭔가 있어……. 근데 그게 막
무섭고 그런 게 아니라 뭐랄까…… 날 지켜주고 있다는
그런 느낌이거든요?

길구

(애써 웃음을 감추며)
좋은 사람인가 보다…… 꿈에서까지 옆에서
지켜주는…….

선지

아니, 사람이 아니라…… 개인 거 같아요, 개…….
동네 개가 졸졸 따라올 때 있잖아요. 그런 거처럼 뭐가
계속 날 졸졸 따라다녀…….

길구

개…… 는…… 아닌 거 같은데…… 크흠…….

근처 테이블, 자기 어깨에 기댄 여자에겐 관심도 없이 선지
를 묘한 표정으로 바라보고 있는 영식.

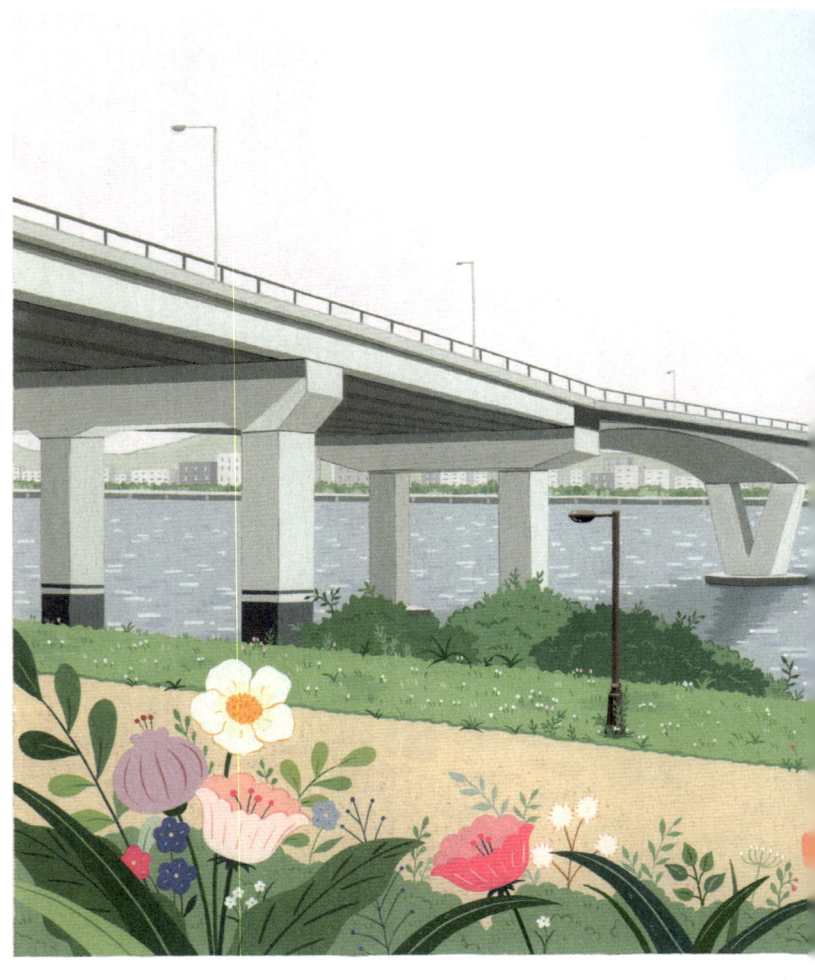

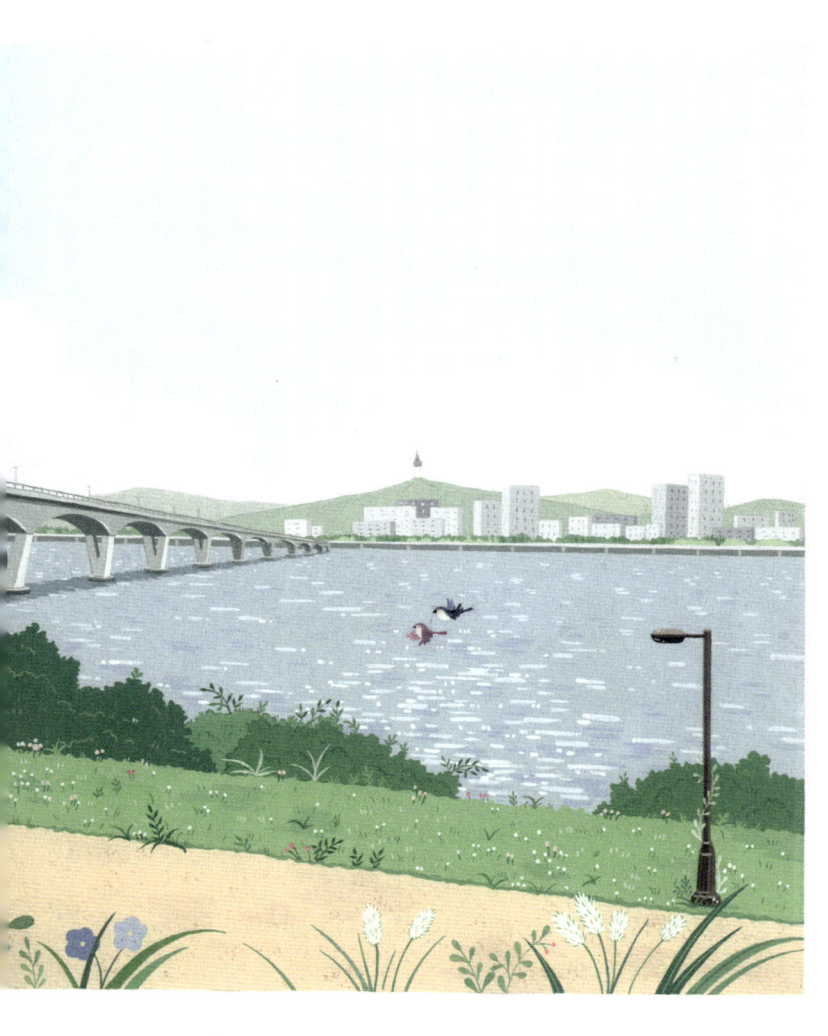

41. 한강시민공원 — 실외/밤

길구

(낮에 들은 말을 떠올리며)
개라니…… 동네 개라니…….

악마 선지

흐흡!! 하!! 한 처먹은 영들이 가득해서 그런가…….
물 냄새가 아주 비릿하구만……. 여기저기 많이도
돌아다니네…….

멈칫하더니 두 손을 올려 바라보며 쥐었다 폈다 해보는 악마
선지.
왼손 제어가 순간적으로 되지 않다가 힘을 주자 다시 움직
인다.
악마 선지가 불안한 표정으로 자신의 손을 바라본다.
순간 사이렌을 울리며 악마 선지의 눈앞으로 빠르게 지나가
는 119 구조 보트.
이내 호기심 가득한 표정으로 바뀐 채 보트가 지나간 방향으
로 걷기 시작하는 악마 선지.

길구

(악마 선지 뒤를 쫄쫄 따라가며)

내가 언제 그렇게 쫄쫄 따라다녔다고……. 내가
언제…….

근처 다리 위, 자살하려는 사람이 난간을 넘어가 서 있다.
가까이서 말리고 있는 경찰과 강 위에 떠 있는 119 구조 보트.

경찰

선생님! 제발 이러지 마세요!

자살 시도남

말리지 마!! 다 필요 없어!! 더는 미련 없다…….

경찰

무슨 사정이신지 모르겠지만 한 번만 참으세요!! 제가
얘기 다 들어드릴게요!!

자살 시도남

잘 있어라! 더러운 세상!! 나 진짜 뛸 거야! 뛴다고!!

악마 선지

어이!!! 그래, 뛰어!! 그냥 뛰라고!!

소리가 난 쪽을 바라보는 자살 시도남과 경찰들. 다리 아래

서 소리치고 있는,

악마 선지

용기를 내!! 금방이야!! 고통스럽지 않을 거야!! 흡!!

길구

(선지의 입을 손으로 틀어막으며)

아니에요!! 내지 마세요!! 용기 내지 마세요!!

경찰

뭐 하는 거예요!! 저리 가요!!

악마 선지

(길구의 손을 깨물고 빠져나와서)

순간이야!! 손만 떼면 만사 오케이야!! 용기를 내!! 날
봐! 어렵지 않아!!

갑자기 한강으로 뛰어드는 악마 선지. 풍덩!

경찰, 자살 시도남

워어어어어!!!

길구

어헉!! 어어어어!!! 야!! 야!!! 서…… 선지야아!!!

어쩔 줄 몰라 하다가 이내 물로 뛰어드는 길구. 풍덩!

경찰, 자살 시도남

크허어어어어!!!

수면 아래로 사라졌다가 금방 솟아올라 허우적대는 길구.
근처에 있던 119 구조 보트가 다가와 길구를 선체 위로 끌어
올린다.

길구

(다시 물에 뛰어들려 하다가 구조대원들에게
붙잡힌 채)
선지야!! 선지야아!!! 아아아악!!! 크흐흐흑!!

경찰 무전

투신자 발견!!! ……현재 북쪽으로 도하 중!!!

구조대원 1

도하? 강을 건너고 있다고?

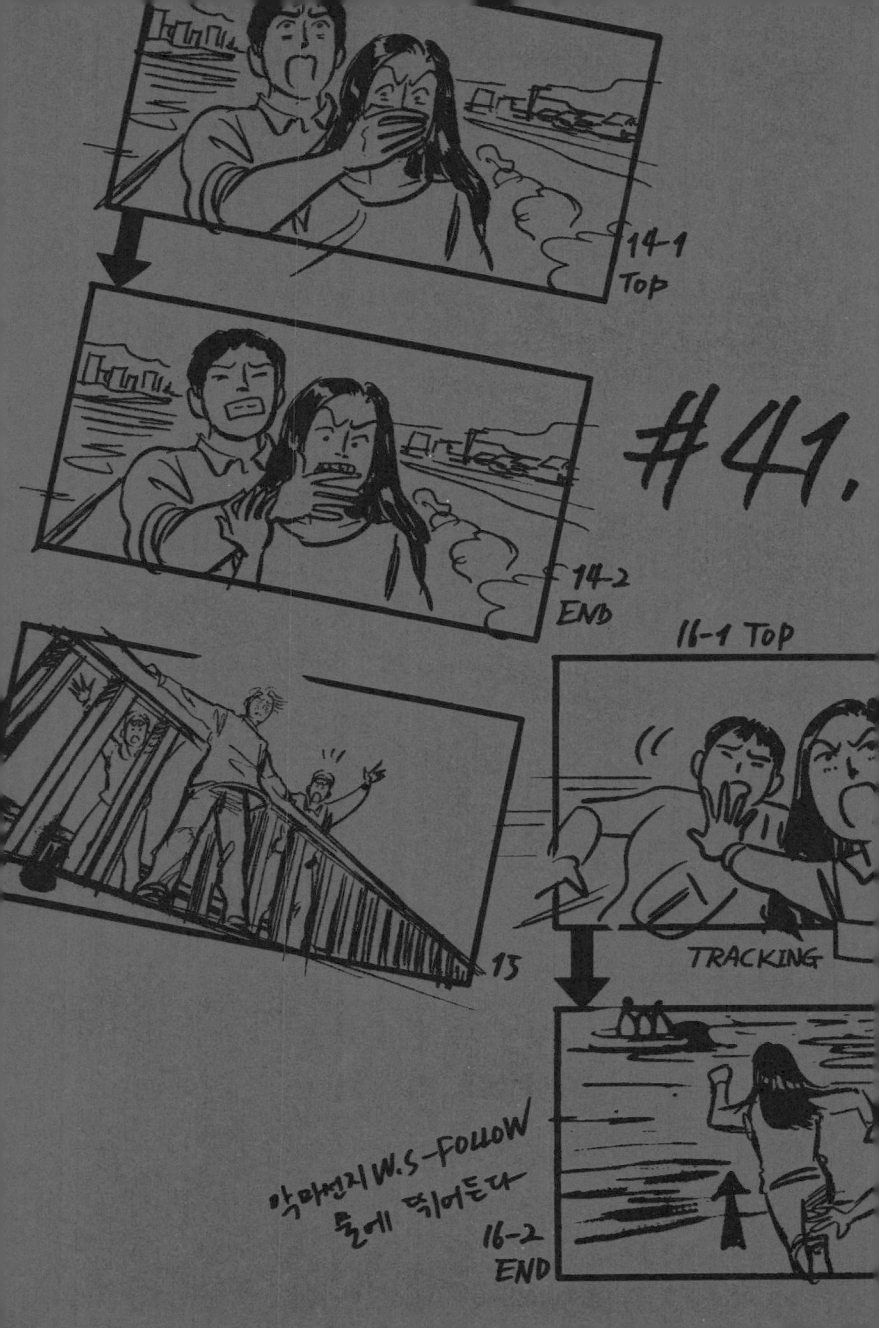

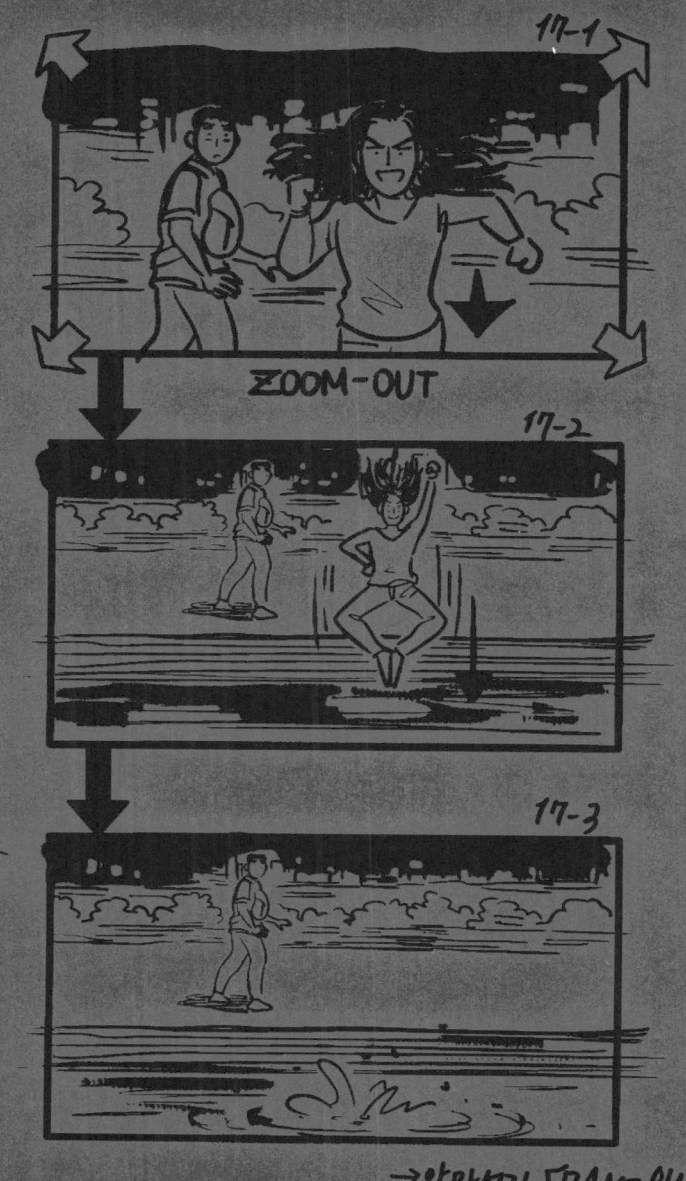

17-1

ZOOM-OUT

17-2

17-3

→악마서기 FRAME OUT,
검검 F.S

경찰이 다리 위에서 비추고 있는 조명 쪽을 바라보는 보트
위 사람들.

바라보면 악마 선지가 접영으로 빠르게 강을 건너고 있다.

벙찐 표정으로 이를 바라보는 보트 위 사람들.

구조대원 2

······와, 겁나 잘하네. ······선수 출신인가?

길구

왜 보고만 있어요!! 빨리 좀 구해주세요!! 제가 죽을
것만 같아요!! 헉헉······ 헉·······.
(호흡이 불안정해지며 경련을 일으키곤)
컥······ 컥······ 으헉······ 컥·······.

구조대원 3

이 사람 왜 이래!! 여봐요!! 숨 쉬어!!!

구조대원 1

야! 빨리 따라잡아! 이 사람이 먼저 죽겠다!

한강을 건너고 있는 악마 선지를 향해 빠르게 달려가는 119 구
조 보트.

열심히 수영하는 악마 선지를 바라보고 있는 자살 시도남,

뭔가 깨달은 표정을 짓더니 자살 시도를 포기하고 몸을 돌려 난간을 넘어간다.

42. 정셋빵집 — 실내/낮

기자

오늘 새벽 3시경 이십 대 여성이 건호대교 인근
한강으로 투신하는 일이 발생했습니다!

구조대원 1

구조대 생활하면서 이런 경운 첨인데요. 접영이
쉽지 않은데 자세도 아주……. 나중엔 응원을 하게
되더라고요! 참 우리 한국 수영의 미래가 밝구나 하는
것도 느꼈고…….

구조대원이 찍은 모자이크된 영상. 접영하는 악마 선지의 모습과 울부짖는,

길구

(목소리 변조)
끼아아악!!! 삐! 야!!! 끼악!!! 우리 삐! 좀 살려주세요!!
(손을 비벼대며)
살려주세요!! 제발요! 어헝!!! 삐! 야~ 삐! 야아!!!

핸드폰으로 나오는 뉴스 화면을 황당한 표정으로 보고 있는
길구, 장수, 아라.

장수

(길구의 멱살을 잡으며)
한강엔 왜 데리고 갔어!! 어?!!

길구

아니, 동네 돌아다니는 게 지겹다고 하도 난리를
피워서!!

아라

(길구의 멱살을 가로채 잡으며)
내가 어제 옷 갈아입히고 머리 말리느라 얼마나
고생했는지 알아?

길구

⋯⋯선지 ⋯⋯혹시 수영했어요?

장수

하⋯⋯ 초등학교 때까지 수영 시켰는데 관둔다니까
협회장이 와서 무릎 꿇더라⋯⋯. 미래에 금메달 하나
날아간다고⋯⋯. 너! 내가 믿고 있었는데 이렇게

뒤통수를 쳐?!!

순간, 양손에 비닐봉지를 가득 든 채 가게로 들어오는 선지.

장수

(빠르게 말을 돌리고 길구의 어깨를 두들기며)
어?! 잘했다! 아주 잘하고 있어!

(점프)

길구

(창밖 너머로 걸어가는 선지와 장수를 바라보며)
……선지 진짜 대단하다……. 어제 그렇게 힘 빼놓고
피곤할 텐데 학원은 절대 안 빠지네…….
프랑스어 배운댔지? 유학이라도 가려고 그러나?
되게 열심히 한다…….

아라

……아라……!?

43. 선지네 집 앞 복도 — 실외/밤

복도 창문 밖을 바라보며 낮의 일을 떠올리는 길구.

아라

프랑스에 가고 싶은 제빵 학교가 있나 봐…….
준비한 지는 몇 년 됐고…… 삼촌이랑 나는 응원하는
척은 하는데…… 나중에 어떻게 말려야 될지…… 완전
시한폭탄이야……. 아무것도 모르고 또 엄청 열심히
해…… 불쌍하게…….

(인서트)

- 정셋빵집, 카운터에 앉아 프랑스어 공부를 하고 있는 선지.
- 제빵실, 크루아상을 정성껏 만드는 선지.
철컥! 뒤쪽 문 열리는 소리에 고갤 돌리는 길구.

선지

(문을 열고 나오다가)

어헉!!

길구

뭐야…… 왜 이렇게 놀라?

선지

오빠…… 여기서 뭐 해요?

44. 대나무 길 — 실외/밤

대나무로 엮은 담장이 양쪽으로 길게 뻗은 길을 걷고 있는
길구와,

선지

집 근처에 이런 데가 있네요? 산책하기 되게 좋다…….
근데 오빠! 아빠가 뭘 시켰길래 이 시간에…….

길구

아, 그게 내가 착각해서! 신경 쓰지 마! 근데 너
안 졸려?

선지

……사실 오늘 엄마 제사였거든요……. 그래서 그런지
잠이 잘 안 오더라고요…….
(잠시 생각하다가)
울 엄마 나 여덟 살 때 돌아가셨거든요…….
힘들어하던 모습은 일부러라도 많이 잊었는데……
환하게 웃던 얼굴이랑 나 안아줬을 때 엄마 냄새가
오늘따라 왜 이렇게 생각나는지 모르겠어요……. 아!
내가 너무 우울한 얘기 했죠…….

길구

아냐!! 아냐!! ……너 뭐든 말하고 싶은 거 있으면
언제든지 말해……. 내 몇 없는 특긴데…… 나 듣는 거
되게 잘해…….

선지

(살짝 미소 지으며)
네…….

순간 뒤에서 헤드라이트를 밝히며 다가오는 검정색 BMW,
길구와 선지가 벽에 붙으며 길을 터주자 천천히 그 옆을 스
쳐 지나간다.
벽을 등지고 가까이 붙은 두 사람, 묘한 분위기에 잠시 정적
이 흐른다.

길구

이제 그만 돌아갈까?

선지

어…… 오빠! 우리 나온 김에 좀만 더 멀리 가볼까요?

45. 영화관 ─ 실내/밤

심야 영화를 보는 길구와 선지, 내부엔 멀리 떨어져 있는 한 커플만 보인다.

영화보다는 애정 행각에 집중하고 있는 커플, 길구가 이를 바라보다 고갤 돌려 선지를 슬쩍 바라본다. 무표정하게 영화를 보고 있는 선지.

다시 영화에 집중하는 길구. 선지가 갑자기 길구의 손 위로 자기 손을 올린다.

순간 동공이 커지며 몸이 굳는 길구, 두근대는 심장 박동 소리가 귀까지 들린다.

잠시 고민하다가 결심한 듯 천천히 선지의 손을 마주 잡는 길구, 천천히 고갤 돌려 선지를 바라본다.

길구를 바라보며 씨익 웃는,

악마 선지

키키키키키…… 너도 진심이구나?

길구

(놀라서 손을 떼며)

으허헉!!!

자리에서 벌떡 일어나는 악마 선지, 앞에 있는 커플에게 다가가더니 째려본다.

앞좌석에 다리를 올려놓고 있던 커플이 깜짝 놀라 악마 선지를 바라본다.

인상을 쓰며 커플에게 얼굴을 들이미는,

악마 선지

다리 치워…… 뒤지기 싫으면.

놀라서 올려놓은 다리를 내리는 커플. 악마 선지가 밖으로 나가버린다.

46. 영화관 로비 ─ 실내/밤

상영관 앞에서 로비 쪽을 향해 걷고 있는 길구와 악마 선지.

길구

……처음부터 속인 거야?

악마 선지

(선지 말투로)

헉! 오빠! 여기서 뭐 해요?!

(길구 말투를 따라 하며)

말하고 싶으면 언제든지 말해! 나 듣는 거 잘한다고오!!

크핫핫하!!

길구

(갑자기 표정을 바꾸며)

……하하 …… 속아준 거야……. 내가 둘 분간도
못 할 거 같아? 너 연기 잘하더라? 하마터면
속을 뻔했어!

악마 선지

너도 잘하던데! 떨리는 척 부들부들 손잡는데…….
(쓰레기통에 버려진 팝콘 통을 주워 한 줌 먹으려 하며)
야…… 진짜 줄…… 알았네?

길구

(악마 선지 손에 든 팝콘을 뺏어 쓰레기통에 던져
넣으며)

……너 진짜 평생 이렇게 선지한테 붙어 있을 거야?
선지 불쌍하지도 않아? 유학은커녕 밤에 남들처럼
푹 자는 것도 못 하는데…… 이제 좀 그만하면 안 돼?
응? 제발…….

악마 선지

(프랑스어)

Oh, la la! Non! Je veux pas!

(맙소사! 싫어! 절대 안 돼!)

네가 진짜 불쌍한 사람을 못 봤구나?

그냥 나 쫓아내라니까! 방법까지 알려줬잖아!

내 이름 아직도 몰라?

길구

……그걸 내가 어떻게 알아…….

악마 선지

홋! 너 내가 이 몸에서 나가준다고 하면 나한테

뭐 해줄래? 네 영혼이라도 내놓을래?

길구

……그건 가족들하고 회의를 해봐야 될 거 같은데…….

지금 다 미국에 있어서 연락이 잘 안 되더라고…….

악마 선지

그럼…… 방방! 방방 태워줘! 당장!

길구

방방……? 그거 태워주면 나간다고?

악마 선지

아니! 당장 생각나는 게 방방뿐이라…….

(자리에 멈춰서 길구를 바라보며)

진심을 다해 날 즐겁게 만들어봐! 뭐든 해서

날 즐겁게 만들면 내가 그 값어치만큼 깨어 있는

시간을 줄여줄게! 그러다 보면 언젠가 내가 사라지는

날이…… 올지도?

길구

……그 말을 나보고 믿으라고?

악마 선지

나도 네놈들 안 믿어!

(손바닥에 손가락으로 뭔가 쓰고는 앞으로 내밀며)

이건 나와 너! 악마와 인간이 맺는 정식 계약이야!

담보는 필요 없어! 사실 네깟 영혼 어디 쓸데도

없거든……. 계약하려면 여기 서명해!

길구

(악마 선지의 손바닥을 바라보며)

아무것도 안 보이는데 이게 무슨 계약서야…….

악마 선지

아! 네가 우리 글을 모르지! 어쩐다……. 할 거야
말 거야?! 기회는 이번이 마지막이야! 5, 4, 3, 2, 1!

결심을 하는 길구, 악마 선지의 손바닥에 손가락으로 빠르게
서명한다.
손바닥을 접고는 입으로 가져가 쓰흡! 삼키는 동작으로 먹는
척하는,

악마 선지

계약 성립…….

길구

(핸드폰으로 검색을 하면서)
방방이랬지!! 지금 문 연 데 있나? 방방! 꼭 태워줄게!!
또 뭐! 다 말해봐!! 하고 싶거나 가고 싶은 데 있어!?

눈앞에서 사라지고 보이지 않는 악마 선지, 두리번거리던 길
구가 몇 미터 떨어진 곳에 있는 악마 선지를 발견하고 달려
간다.
벽 광고판의 바다 사진을 뚫어져라 바라보고 있는 악마 선지.

길구

바다 가고 싶어? 그래, 가자!! 가면 되지! 아……!
밤에 가면 아무것도 안 보일 텐데……. 그래,
너 어차피 물가에 다시 데려가지 말랬어…….
그럼 딴 데…….

악마 선지

가! 낮에 가면 되잖아!

길구

……바다에 가자고? 낮에? ……어떻게?

47. 해변 — 실외/낮

모래 위를 걸으며 대화를 나누는 길구와,

선지

진짜 바다는 백 년 만에 온 거 같아요…….
아라도 같이 왔으면 좋았을 텐데…….

길구

아라 많이 아픈 건 아니지?

선지

······그냥 가벼운 몸살인 거 같아요·······.

(멈춰서 바다를 바라보며)

와~ 근데 진짜 넓다!

잠시 바다를 바라보는 두 사람.

고갤 돌려 선지를 바라보고 깜짝 놀라는,

길구

선지야······! 너······ 왜 울어·······.

선지

어?! 어! 왜 이러지?

(놀라서 눈물을 닦으며)

바람 때문에 그러나? 오빠! 저 여기서 사진

한 장만·······.

길구

어······ 그래·······.

(선지가 자릴 잡자 핸드폰을 꺼내서)

자, 찍을게! 하나! 둘! 셋! 됐다! 잠깐만, 보여줄게!

선지

(다른 포즈를 취하고 있다가 길구에게 다가오며)

……진짜 한 장만…… 찍어주네…….

(길구 옆에 붙더니 본인 핸드폰을 들고는)

오빠! 여기 봐요!

길구

어? 어!

셀카를 찍는 두 사람, 선지가 연사로 수십 장의 사진을 계속 찍는다.

선지가 핸드폰을 높이 들려고 애쓰자 길구가 이를 자연스레 넘겨받는다.

길구

내가 할게……. 자, 하나! 둘! 셋!

순간 길구에게 가까이 붙는 선지와 길구의 놀란 표정이 사진에 고스란히 담긴다.

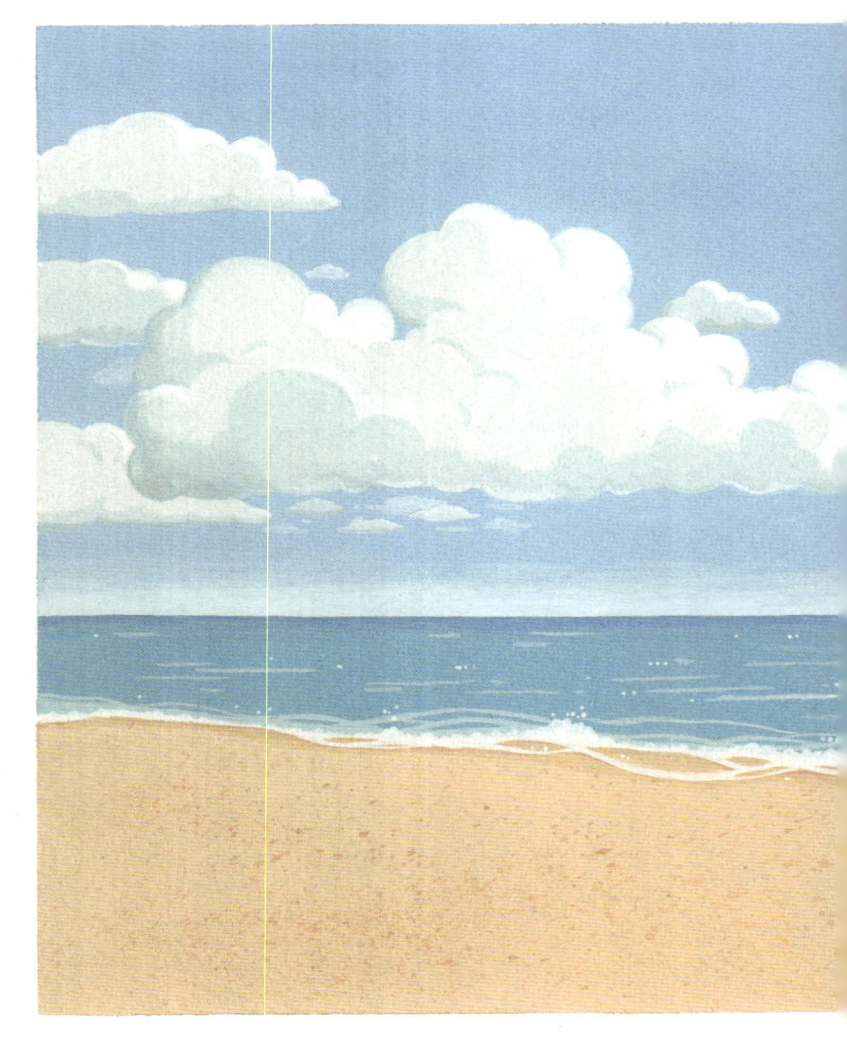

48. 해변 2 — 실외/낮

백팩에 있던 캠핑 의자와 테이블을 꺼내 빠르게 설치하는
길구.
선지가 준비해 온 샌드위치와 음료를 테이블에 올려놓고는
가방에서 폰폰시폰을 꺼내서 길구에게 보여준다.

선지

오빠! 이거 먹어봤어요? 요즘 엄청 인기라는데!

길구

(당황스러움을 감추며)
아…… 니…….

(점프)

폰폰시폰 빈 패키지가 보이고 그 위로 선행되는 선지의 목
소리.

선지

오빠 우리랑 같이 일하기 전엔 뭐 했어요?

길구

나 뭐…… 회사 관두고 쉬고 있었지…….

선지

회사 생활 많이 힘들죠?

길구

아니…… 다 하는 일인데 뭐가 힘들어…….

(음료를 마시곤 잠시 생각하다가)

아니다…… 거짓말이야…… 힘들어서 관뒀어…….

몸이 힘든 게 아니라 다른 게 너무 힘들고

괴로워서……. 근데 관뒀다고 편해지진 않더라고……

다시 뭘 해야 할지도 모르겠고……. 생각은

많아지고…… 잠은 안 오고…… 컴컴한 데서 길도 못

찾고 그냥 서 있는 사람같이…….

(아차 싶어 선지를 보며)

아! 미안…… 재미도 없는 얘기를 내가 왜 갑자기…….

선지

나…… 이 얘기 아는데……. 컴컴한 데 서 있던

그 사람이요…… 환하게 불이 켜진 빵집을 발견하고

들어갔다가 갑자기 알바로 일하게 됐대요……. 맛있는

빵을 매일 먹으며 힘을 낸 그 사람은…… 어느 날……

모두를 향해 아주 크고 환하게 웃음 짓고는…… 다시

길을 찾아 떠났대요.

(길구를 바라보며)

내가 들은 건 진짜 재밌는 이야기였는데…….

길구

(선지를 바라보다가 얼굴에 미소가 번지며)
……앞으로 ……빵을 더 많이 먹어야겠다…….

서로를 바라보며 웃음 짓던 두 사람, 묘한 분위기에 괜히 바다를 바라본다.

선지

아! 맞다! 나 물어볼 거 있는데……. 좀 이상하게 들릴 수도 있는데…… 혹시…… 우리 같이 영화 보러 간 적 있어요?

길구

어……? 아…… 아니?!!

선지

그죠? 아…… 근데…… 왜…… 꼭 그랬던 거 같지…….

고갤 갸웃대며 민트초코라테를 마시는 선지.
길구가 당황한 표정으로 선지를 바라본다.

49. 아파트 근처 화원 — 실외/밤

악마 선지

(물로 가글하고 뱉으며)

크…… 그 썩을 맛이 사라지질 않네……. 몇 잔이나
마신 거야…….

생수병의 남은 물을 말라비틀어진 화초에 붓고 주변에 있는
작은 독들을 이리저리 살피며 고르는 악마 선지.
옆에서 이 모습을 바라보고 있던,

길구

영화관 갔을 때 말이야…… 처음부터 나 속인 거 맞지?

악마 선지

……분간할 수 있다며 ……아니었나 봐?

길구

(말을 돌리며)

아! 오늘 바다 갔다 온 거! 시간 얼마나 줄여줄 거야?

악마 선지

오 분……. 많이 쳐줬다…….

길구

뭐……? 오 분? 겨우 오 분 줄여준다고?!

악마 선지

(독과 뚜껑을 하나 골라서 들고 걸어가며)
내가 직접 봤냐? 난 안 즐거웠어! 즐거웠던 건
너였겠지!

길구

내가?! 운전만 네 시간 했어! 피곤해서 쓰러질 거
같다고! 오 분은 너무하잖아! 더 줄여줘!! 어?! 더
줄여줘어!

악마 선지

(갑자기 화를 내며 독을 바닥에 던져 깨뜨리고)
왜 다들 날 못 쫓아내서 안달이야! 왜!!
(뒤돌아 길구를 바라보며)
진심을 다해 날 즐겁게 만들랬지…… 날 쫓아내는 데
진심을 다하라곤 하지 않았어!
(프랑스어로)
Tout ira bien! Tout ira bien! Tout ira bien! Idiot!

갑자기 근처에 있던 풀뿌리를 뽑아 들더니 입으로 갖다

대는,

악마 선지

너 내가 누군지 잊었어? 어!?

흙이 잔뜩 묻은 풀뿌리를 입에 확 넣고는 우물우물 씹어대는
악마 선지.

이 모습을 보고 너무 놀라 그대로 굳어버리는 길구.

도로에 뛰어드는 악마 선지, 무단 횡단으로 길을 건너 골목
으로 빠르게 사라진다.

정신을 차리고 악마 선지의 뒤를 쫓는 길구, 갑자기 나타난
검정 BMW가 길구 앞에서 급정지한다.

끼익! 놀라서 도로 위에 그대로 주저앉는 길구.

50. 대나무 길 ― 실외/밤

씩씩대며 달리는 악마 선지, 입속 풀뿌리를 뱉고는 손으로
거칠게 입을 훔친다.

(인서트)

누군가의 시점으로 보이는 바다, 모래 위에 누워 있는 썩어
가는 물고기.

생각을 떨치려 고갤 흔드는 악마 선지, 뭔가를 보고 놀라서
자리에 멈춘다.

떨리는 표정으로 어딘가를 바라보는 악마 선지.

길 양쪽 나무에 묶인 채 이어져 있는 새끼줄이 삼 미터 정도 높이 공중에 떠 있다.

덜덜 떨리는 표정으로 주위를 둘러보는 악마 선지, 뒤로 물러나려 조금씩 몸을 움직여보지만 다리가 땅에 붙은 듯 움직일 수가 없다.

하늘을 바라보는 악마 선지, 달이 구름에 가려져 보이지 않는다.

가쁜 숨을 몰아쉬며 온 힘을 다해 몸을 뒤로 돌리는,

악마 선지

(뭔가 보고 놀라서)

헉!!

악마 선지 눈앞에 숨을 헐떡이며 서 있는 길구, 가방에서 생수를 꺼내 내민다.

길구

헉…… 헉…… 헉…… 입 헹궈…….

(악마 선지 손에 생수를 쥐여주며)

잠깐만…….

(물티슈를 꺼내 악마 선지 입가의 흙을 닦아주며)

먹으려면 흙이라도 털고 먹지……. 다 묻었잖아…….

너 다신 이러지 마…….

(입가를 다 닦아주고 악마 선지를 바라보며)

알았어! 계약대로 진심을 다해서 널 즐겁게 만들어줄

테니까! 너도 약속 꼭 지켜!! 알았지?!

(새끼손가락을 내밀며)

자!

길구의 새끼손가락을 묘한 표정으로 뚫어지게 바라보는 악

마 선지.

51. 정셋빵집 앞 — 실외/낮

희범

(턱! 길구의 손에 스쿠터 키를 내려놓으며)

얻다 쓸라고?

길구

(고갤 돌려 안에서 공부를 하고 있는 선지를 바라보며)

뭐든 해서 즐겁게 해줄 거야. 그래서 쫓아내버릴

거야…….

희범

(황당한 표정으로 바라보다가)

너…… 진짜…….

길구

(희범의 어깨를 턱! 잡고는)

추워! 한강 물 진짜 춥더라! 너 앞으로 농담으로라도

그딴 소리 하고 다니지 마! 잘 쓰고 돌려줄게!

가게로 들어가는 길구, 희범이 대꾸도 못 한 채 이를 바라

본다.

이어서 가게에서 나오는 아라, 두 사람이 부끄러운 듯 목례

를 나눈다.

52. 도로 ― 실외/밤

희범의 스쿠터에 악마 선지를 태운 채 어딘가로 달려가는

길구.

53. 실내 방방장 ― 실외·내/밤

불이 다 꺼진 어두운 건물 앞, 문을 두들기는 길구와 뭔가 불

안한 표정으로 주변을 두리번대는 악마 선지. 문이 벌컥 열

리며 한 여자가 고갤 내민다.

(점프)

길구가 건넨 돈을 센 뒤, 조명 스위치를 올리는 방방장 여직원.

내부의 화려한 조명이 켜지자 놀란 표정을 짓는 악마 선지.

(점프)

홀로 방방을 타며 생각에 잠기는 악마 선지.

(플래시백)

과거 어느 날 밤, 실외에 있는 낡은 방방.

선지의 엄마 현화와 젊은 시절 장수의 손을 잡고 방방을 타는 누군가의 시점.

(다시 현재)

미소 지으며 방방을 타고 있는 악마 선지, 갑자기 길구가 방방 위로 올라와 점프를 하며 흔들어대자 이내 중심을 잃고 쓰러진다.

악마 선지

우왁!! 뭐 하는 거야!!

길구

내가 진짜 즐겁게 해줄게!! 이렇게 타야 재밌어!!

아무리 일어나려 해도 길구의 방해에 요리조리 튕기기만 하는 악마 선지.

(점프)

- 미니 축구장. 악마 선지가 찬 공을 오버하며 일부러 안 막
  는 골키퍼 길구.
- 미니 농구장. 수비하던 길구에게 페이크 무브를 하는 악마
  선지, 길구가 오버액션으로 날아가며 길을 터주자 공을 골
  대에 집어넣고 즐거워한다.

54. 꽃동산 공원 — 실외/밤

스쿠터를 타고 언덕길을 오르는 길구와 악마 선지.

(점프)

텔레토비 동산처럼 아기자기하고 꽃밭 가득한 작은 공원에
도착한 두 사람.

악마 선지

뭐야, 여긴?!

길구

너, 꽃 좋아하잖아!

악마 선지

하! 내가? 악마가 이딴 걸 좋아할 거 같아!?

길구를 노려보던 악마 선지가 몸을 돌려 꽃길을 따라 걷기

시작한다.

길구의 눈치를 살피며 괜히 꽃을 툭툭 치고 걷는 악마 선지.

길구

어! 이거 뭐야!! 왜 이래!!

악마 선지가 고개를 돌리자 찰칵! 핸드폰으로 사진을 찍는,

길구

(연사로 사진을 계속 찍으며)
좀 웃어!! 어?!

악마 선지

(주변에 있던 돌을 하나 주워 들고)
감히 악마한테 웃음을 요구해?!

길구

와! 상급 악마가 못 하는 것도 있구나! 난 다 잘하는 줄
알았는데! 모델처럼 막 웃고 포즈 잡고 이런 거 못 해?

악마 선지

하! 너 지금 뭐랬냐?

(점프)

여러 곳에서 다양한 포즈를 취하는 악마 선지와 계속해서 사
진을 찍어대는,

길구

와…… 제대로다……. 역시 못하는 게 없어!

악마 선지

이제 알았냐?! 이 상급 악마의 위대함을?!

어색한 미소로 손가락 하트를 만드는 악마 선지.

길구

좋아! 그거 좋아!!
(악마 선지가 양손으로 하트를 만들자)
좋아! 아주 좋아! 딴것도 해봐!
(양손으로 중지를 세우는 악마 선지를 보고)
아냐! 아냐! 그거 아냐!!

(점프)

지친 표정으로 벤치에 앉아 있는 악마 선지.
핸드폰 사진을 확인하던 길구가 빨대 꽂은 생수병을 악마 선
지 입에 대준다.

길구

(찍은 사진을 보여주며)

봐봐! 잘 나왔지?!

악마 선지

(미묘한 표정으로 사진을 보다가)

내 진짜 모습도 아닌데 뭐가 맘에 들어! 내 본체는
이 아이보다 백배는 더 아름다워! 네가 보면 바로
두 눈이 멀걸?!

(땅바닥에 유치원생이 그릴 법한 얼굴 그림을 그리며)

이렇게! 눈도 크고! 코도 뿔도 오똑한! 미인형 악마라고
유명했단 말이야!

길구

(얼굴 그림을 바라보다 핸드폰으로 사진을 찍으며)

진짜 두 눈이 멀 수도 있겠네……. 그렇게 유명했으면
다 네 이름 알았겠네!? 널 뭐라고 불렀어?

악마 선지

다들 날 이렇게 불렀지! 그분의 성은 '시'!

길구

시…….

#54 B.

22-1 TOP

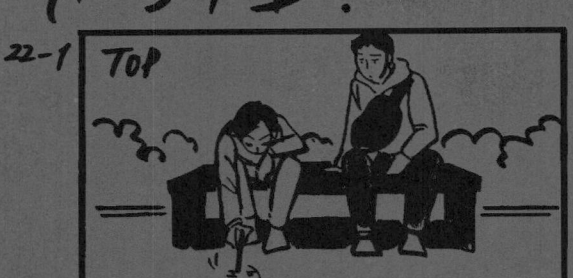

23 END

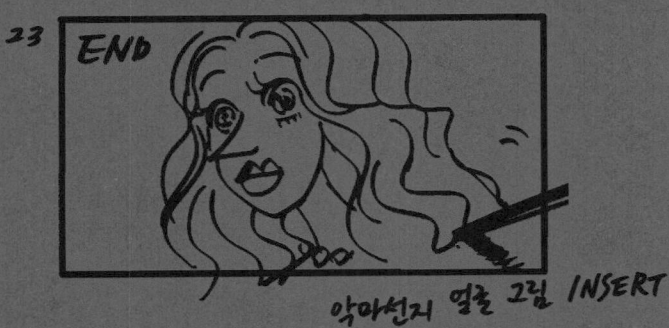

악마선지 얼굴 그림 INSERT

24

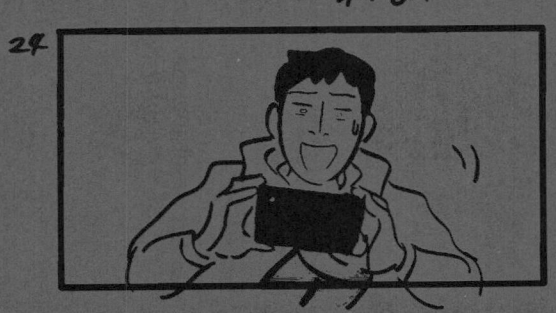

악마 선지

이름은 '돈'! '조아따'!

길구

(벌떡 일어나 큰 목소리로 악마 선지에게 손을 뻗으며)
시돈! 조아따에게 명한다! 당장 그 몸에서 나가라!
……시돈! 조아따…… 에게……!?

악마 선지

계속해! 세 번이라니까?

길구

……시돈! 조아따……. 시도는…… 좋았다…….
크흠…….

아무 일 없었다는 듯 벤치에 앉는 길구, 잠시 둘 사이에 정적
이 흐른다.
갑자기 길구의 어깨에 머리를 기대는,

악마 선지

(길구가 반응을 하려는 순간 먼저 선수 치며)
잠시만!! 내 기력이 딸려서 그래! 잠시만! 그믐이
가까워져서 그러나 왜 이리 힘들지……. 그믐달도

아닌데…….

어쩔 수 없다는 듯 어깨를 제대로 내어주는 길구.
아름다운 공원에서 달을 바라보는 남녀의 낭만적인 분위기
가 이어지나 싶더니.

길구

근데! ……진짜 시돈! 조아따가 네 이름은 아닌 거지?

악마 선지

……넌 참 눈치가 없어……. 꾸준해…….

55. 정셋빵집 — 실내/낮

장수

(길구를 꽉 껴안고 있다가 떨어지며)
잘했다!! 잘했어!! 옷 백 벌을 사줘도 못 한 일을 네가!!
너! 내가 너 첨 볼 때부터 느낌이 좋았다고! 계속 좀
해봐!! 아예 확 없애버려, 응?!

길구

네! 해보겠습니다!

아라

진짜 그딴 데 데리고 갔다고 삼십 분이나 줄여줬어?

길구

어! 방방 되게 좋아하더라고! 거기서 많이 줄였어!

아라

하! 오늘 아예 확 없애버릴까?

56. 클럽 ― 실내/밤

큰 음악 소리와 젊은이들로 가득한 클럽 안, 술잔을 들고 건배하는 길구 일행.

아라

우리 오늘 진짜 즐겁게!!! 미치도록 한번 놀아봐요!!
(댄스 플로어를 바라보며)
오빠, 아까 이름 말할 때 뭐라고 했죠?

희범

아! 저요! 안녕하세요! 범버러범범 이희범입니다!!

아라

하하!! 아 웃겨 증말! 아라아라 정아라예요! 오빠!
갈까?!

둘이 가라고 손짓을 하는 길구, 아라와 희범이 댄스 플로어
로 향한다.
어느새 근처에 있던 클럽녀의 얼굴을 두 손으로 확 잡고 바
라보는,

악마 선지

너, 아이라이너 어디 거 써? 대답해!! 말하라고!!

클럽녀

헉!! 릴리브라넬 데블스 아이요!! 왜 이러세요!! 흐흑!!

길구

(악마 선지를 뜯어말리며)
죄송합니다! 얘가 많이 취해서!! 너! 그냥 가만히 내
옆에 붙어 있어!

격정적인 춤을 추는 아라와 희범, 둘의 합이 잘 맞는다.
멀리서 둘을 바라보고 있는 길구의 표정이 자연스레 구겨진다.
고갤 옆으로 돌리는 길구, 악마 선지가 또 사라지고 보이지

않는다.

뛰어다니며 악마 선지를 찾는 길구, 십여 미터 떨어진 곳에서 낯선 남자에게 손목이 붙잡힌 악마 선지를 발견한다.

길구

(달려와 남자의 손에서 악마 선지의 손목을 떼어내며)
뭐 하는 거예요!

영식

그쪽은 뭐 하는 건데?

길구

……나 얘 남자 친군데?

피식 웃더니 말없이 사라지는 영식. 표정이 굳어 있는 악마 선지를 바라보는,

길구

괜찮아? 너…… 손을 왜 이렇게 떨어?

악마 선지

(애써 굳은 표정을 풀고는)
남자 친구 손이 너무 따뜻해서.

깜짝 놀라 잡고 있던 악마 선지의 손을 놓아버리는 길구.

엄청난 박력의 비트로 바뀌는 음악, 사람들이 흥분하며 댄스 플로어 쪽으로 몰려간다. 사람들에게 밀려 댄스 플로어 중앙까지 온 길구와 악마 선지.

춤을 추며 길구와 악마 선지를 밀치는 사람들, 두 사람의 몸이 붙었다 떨어졌다 반복한다. 조금 전 본인이 했던 말이 혼란스러운 길구.

(플래시백)

길구

나 얘 남자 친군데?!

다시 현재, 눈앞에 있는 악마 선지가 짜증을 내며 주변 사람들을 밀치고 있다.

(플래시백)

길구

나 얘 남자 친군데?!!!

카메라 뒤로 빠지면 길구가 손을 잡고 있는 건 악마 선지가 아닌 선지다.

쿵쿵! 대는 비트가 심장 소리처럼 느껴지는 길구, 몸이 저절로 움직이기 시작한다.

특유의 멍한 표정을 짓기 시작하는 길구, 그의 상상 속 판타지가 시작된다.

심연의 공간, 거대한 크레인 집게에 걸려 있는 한 남자.

바닥에 가득 쌓여 있는 물건들 사이에 발이 걸린 채 위로 올라가지 못하고 있다.

계속 위로 잡아끄는 크레인 집게, 걸려 있던 발이 쑥 뽑히며 위로 올라간다.

쿵쿵대던 음악이 디스코풍의 음악으로 바뀌고 크레인에 걸려 있던 남자는 아래에 보이는 공간으로 추락한다.

추락한 공간에서 옷이 바뀐 채 벌떡 일어난 남자가 앞으로 자신 있게 걸어간다.

문이 열리자 남자를 환호하고 응원하는 수많은 사람들의 모습.

댄스 플로어 중앙으로 향하는 남자의 뒷모습.

멍한 표정으로 서 있는 길구의 뒤로 다가온 남자가 당수로 길구의 목을 치고 옆으로 밀어버린다. 드디어 드러나는 남자의 얼굴! 댄서 복장을 한 길구 자신이다!

본격적으로 춤을 추기 시작하는 댄서 길구, 엄청난 춤으로 주변을 압도한다.

악마 선지도 선지의 모습으로 변하며 길구와 함께 춤을 추기 시작한다.

주변 가득했던 사람들이 사라지고 둘만을 위한 공간으로 변해 있는 댄스 플로어.

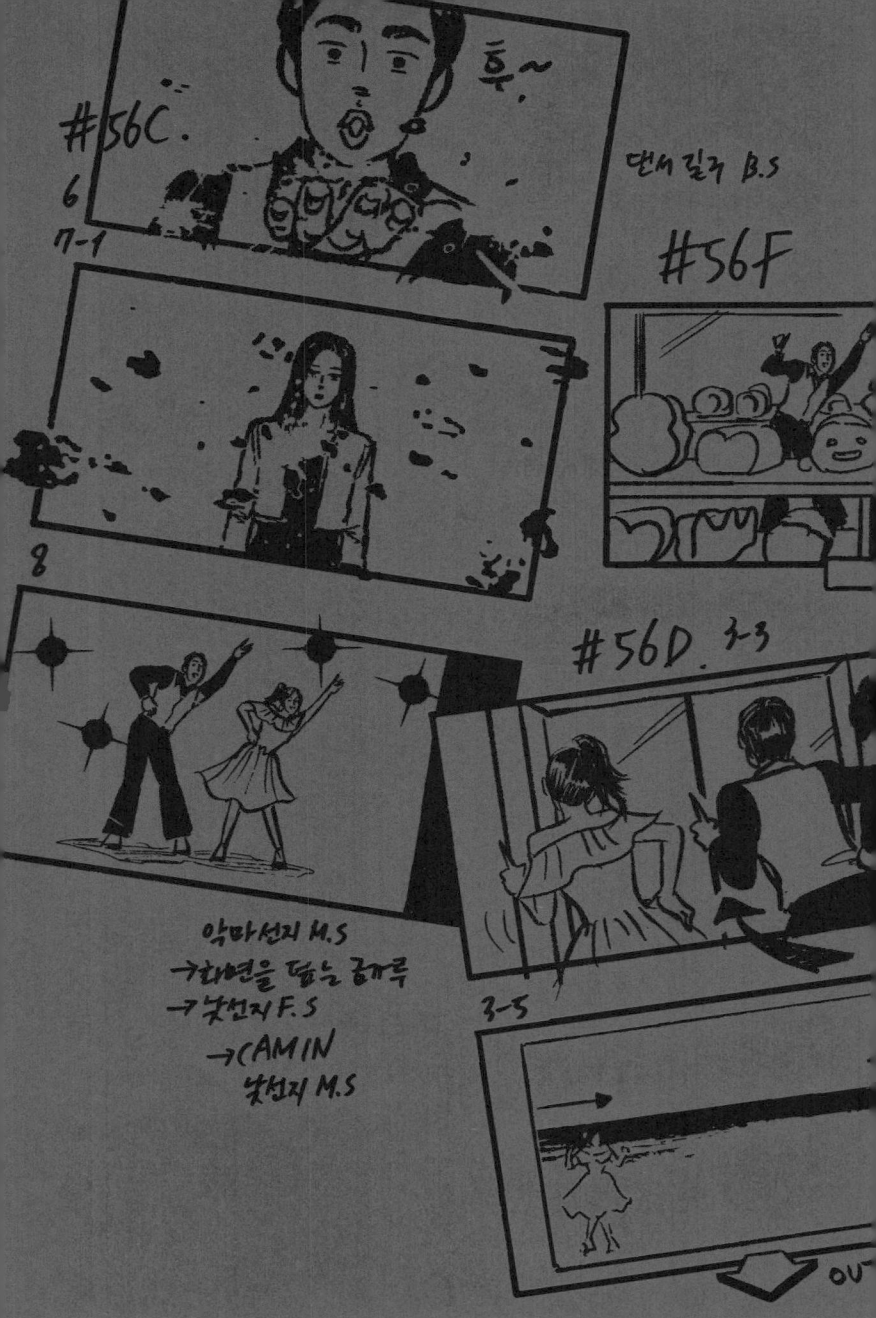

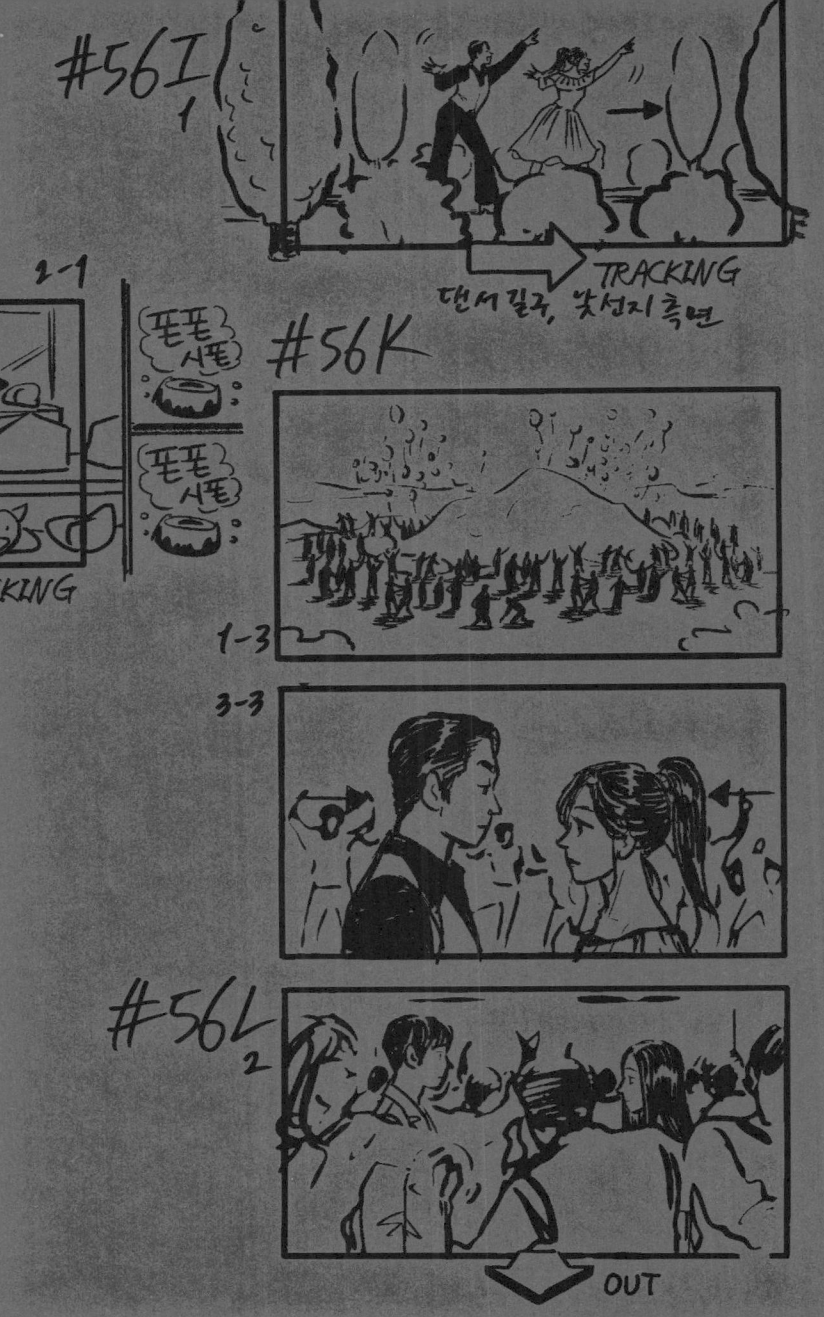

#56I₁

TRACKING
댄서길자, 낯선자 측면

2-1

폭폭
시토

폭폭
시토

#56K

1-3

3-3

#56L₂

OUT

둘의 춤이 계속되며 바뀌는 공간들, 이전과는 다르게 낮의 시간대다.

복도에서 춤추다가 엘리베이터 안으로 들어가 춤을 이어가는 길구와 선지.

엘리베이터 문이 다시 열리자 정셋빵집으로 나와 춤추는 두 사람.

폰폰시폰으로 가득 찬 편의점에서 이어지는 춤, 편돌이와 여학생이 보고 있다.

방방장에서 춤을 추는 두 사람. 주변에선 아이들이 뛰어놀고 있다.

산책길을 따라가며 춤추는 두 사람.

인공 연못 앞 광장에서 춤추는 두 사람, 화려한 의상을 입고 갑자기 등장한 희범과 아라와의 댄스 배틀이 벌어진다.

자연스레 밤으로 이어지는 꽃동산 공원에서의 대규모 댄스. 길구와 선지가 다양한 장르의 춤꾼들과 함께 춤을 추며 즐거워한다.

음악이 엔딩을 향해가면 사람들 하나씩 사라지고 모든 게 현실로 돌아온다.

클럽 중앙, 멍한 표정의 길구와 굳은 표정의 악마 선지가 마주 본 채 서 있다.

57. 정셋빵집 ─ 실내/낮

빵집 앞에서 웃으며 대화를 나누고 있는 희범과 아라를 바라보는 길구와,

선지

와, 아라 쟤…… 좋아하는 티를 못 감추네…….
하긴 저렇게 솔직해야 연애를 하는 거지……. 아,
부럽다…….

길구

……너는 연애 안 해……?

선지

그거 뭐…… 맘만 갖고 안 되잖아요……. 말을 해야
알지……. 뭐가 그렇게 겁나고 생각이 많은지…….
용기가 없는 거 같기도 하고…….
(길구를 보며)
제가 제일 답답해요…….

길구

……아니, 왜들 그래? 그냥 좋다고 말하면 되지! 그게
뭐가 어렵다고…….

(가게 문이 열리고 누군가 들어오자)

어서 오세요!

가게로 들어오는 영식, 어제 본 남자임을 깨닫고 순간적으로 표정이 굳는 길구.

영식이 사탕을 하나 집어 카운터에 올리곤 길구를 바라본다.

영식

계산요. 밖에서 잠깐 얘기 좀 하죠?

옆에 있던 선지가 갑자기 소름이 돋는지 손으로 팔을 쓰다듬는다.

58. 정셋빵집 앞 — 실외/낮

영식

(사탕을 까서 입에 넣고 포장 비닐은 주머니에 넣으며)

제가 없애드릴게요! 저기 들러붙은 놈!

길구

네?

영식

놀란 척은……. 사기 치는 거 아니니까 경계 푸세요.

생각보다 오래된 놈이던데……. 저분은 모르는

거죠? 자기한테 뭐가 붙어 있는지……. 카페에서

우연히 보고 며칠 따라다녔는데…… 여기저기 많이

돌아다니시더라고…….

(플래시백)

한강, 수영하는 악마 선지를 멀리서 바라보는 영식.

대나무 길, 차를 타고 두 사람을 스쳐 지나가며 바라보는
영식.

영식

시험 삼아 장난 좀 쳤더니 바로 반응하던데…….

(플래시백)

대나무 길, 새끼줄 아래 서 있는 악마 선지를 멀리 차 안에서

바라보는 영식.

클럽, 악마 선지의 손목을 잡고 얼굴을 뚫어지게 바라보는

영식.

(다시 현재)

길구

뭘 오해하신 거 같은데요! 무슨 말씀이신지…….

영식

거짓말 잘 못 하시네! 티 나요! 내가 원래 이렇게까지 일
찾아서 하진 않는데…….
(빵집 안에서 밖을 보던 선지와 눈이 마주치자 웃으며)
이 일은 꼭 해야겠다 싶네요……. 아! 이 건은
무룝니다! 재능 기부! 나중에 고마우면 챙겨주시든가!
그럼 알아서 최대한 빨리 진행하겠습니다.

길구

하긴 뭘 해요! 무슨 짓 하려고 그래요!!

영식

그럼 가서 본인한테 물어볼까요? 당신 몸 안에 뭐가
있는데! 그거 없애고 싶냐고! 아! 영상을 찍어서
보여줄까?
(당황한 표정의 길구를 바라보며)
아무것도 하지 말고 가만있어요…… 진짜 저분을
위한다면.

59. 선지의 집 앞 복도 ─ 실내/밤

악마 선지

그놈이 날 없애준다 하지?

길구

어떻게 알았어? 너 그 사람 뭐 하는 사람인지 알아?

악마 선지

후흡! 큭큭크…… 어젯밤 대놓고 티를 내던데?
그 결계도 그놈 짓이었어……. 감히 누구한테
덤비려고……. 지금까지 날 없애겠다고 찾아온
놈들이 몇이나 될 거 같아? 어설픈 짓으로 날
화나게 했다간…… 아예 이 아이를 내가 다 완전히
집어삼켜버릴 거야! 설령 놈의 말이 맞다 해도 넌
아무것도 못 가져! 얘를 바라보던 그 눈빛 못 봤어?

길구

내가 언제 갖고 싶댔어? 내가 원하는 건 선지가
그냥 밤에 잘 자고…… 하고 싶은 거 하는 거……
그게 다야…….

악마 선지

끝까지 자길 속이는구나……. 그렇게 죽을 때까지
거짓말만 하다 가라……! 바보들…… 너희는 진짜
바보들이다…….

60. 정셋빵집 — 실내/낮

카운터에 앉아 어두운 표정을 짓고 있는 길구. 옆으로 다가
오는,

선지

오빠, 저 학원 다녀올게요.

길구

어…… 선지야!

선지

네?

길구

일찍 와……. 요즘 세상이 무서워서……. 올 때 연락해!
내가 정류장에서 기다릴게!

#59.

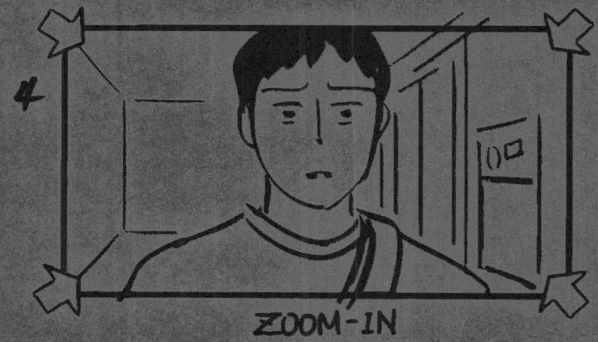

4

ZOOM-IN

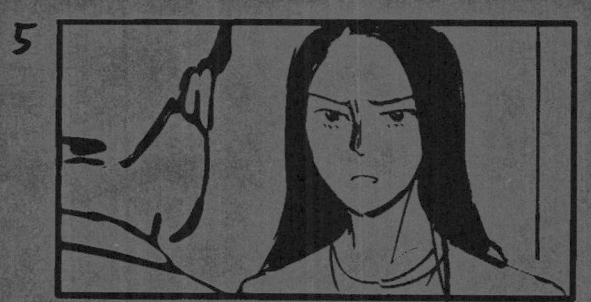

5

<u>악마 선지</u>

끝까지 자길 속이는구나……
그렇게 죽을 때까지
거짓말만 하다 가라……!
비열들…… 너희는 진짜 비열들이다……

선지

네…… 전화할게요.

(점프)

저녁, 가게를 청소 중인 길구. 이때 가게로 들어오는,

장수

길구야!

(멍한 표정으로 청소를 하는 길구 앞으로 다가와서)

야!

길구

아! 사장님!

장수

사람 들어온지도 몰라……. 좀 팔았어?

(길구의 표정이 심상치 않자)

……왜? 너 뭐 할 말 있어?

(점프)

탁자에 앉아서 대화 중인 장수와 길구.

장수

하…… 내가 말했잖아…… 안 해본 거 없다고…….
죄다 사기꾼들이었어…… 돈만 뜯기고…….
뭔 짓이라도 했다가 옛날처럼 폭주라도 하면
큰일인데…… 그냥 지금처럼 살살 달래면서 시간
줄이는 게 최선이야…… 혹시라도 그놈이 다시
찾아오면 그냥 쫓아내!! 아니! 날 불러, 날, 어?!

61. 버스 정류장, 버스 안, 정셋빵집 – 실외·내/밤

버스를 기다리는 선지 옆으로 팔에 깁스를 한 여자가 다가
온다.

깁스녀

저, 죄송한데요. 제가 팔을 다쳐서 그러는데……
신발 끈 좀 묶어주실 수 있을까요?

선지

아, 네! 잠시만요!

깁스녀

(선지가 신발 끈을 묶어주고 일어서자)
아! 감사합니다! 저기!!

(호주머니에서 사탕을 꺼내주며)
제가 너무 감사해서! 이거 제가 제일 좋아하는
사탕인데! 하나 드세요! 이거 진짜 맛있어요! 정말
감사합니다.

선지

아! 네, 잘 먹을게요.

깁스녀가 고갤 돌려 십여 미터 떨어진 곳에 있는 영식을 바라본다.

(버스 안)

음악을 듣다가 사탕을 꺼내는 선지, 포장을 까다가 잠시 망설인다.

오한이 오는 듯 몸을 떨더니 조금 열려 있는 창문을 닫고는 사탕을 입에 넣는다.

시간 경과, 서서히 눈이 감기는 선지, 고개를 푹 숙인 채 깊은 잠에 빠져든다.

정류장을 지나치며 버스 안 인원이 점점 줄어든다.

종점을 알리는 안내음과 함께 달리는 버스.

맨 뒤에 앉아 있던 영식이 선지 앞에 다가와 선다.

(정셋빵집)

장수

(잔을 내밀며)

그동안 고생 많았지? 내가 너한테 참 고맙고
미안하다……. 언제고 기회 되면 이런 말 하고
싶었는데…….

길구

저 괜찮아요! 하나도 안 힘들어요!

장수

(허리 보호대를 풀어 던지며)

에이씨! 이거 안 해 이제!! 아아!!

(통증을 느끼며 다시 보호대를 차고)

며칠만 더 고생하자! 내가 다시 선지 볼 테니까 넌 네가
진짜 하고 싶은 일 찾아! 그래야 안 아프다며…….
한잔해!

길구

네…… 근데…… 저 이따가 또 새벽에 선지랑 같이
걸어야 되는데…….

장수

(창밖 하늘을 힐끔 보더니)

괜찮아! 오늘 같은 날은 걔도 오래 안 걸어 다녀
힘없다고! 한잔만 해!

장수를 따라 창밖 하늘을 보는 길구.

장수

내가 사람 잘 보는 건 맞나 봐……. 너 참 봤을 때……
응?
(술을 한 잔 마시곤 길구를 바라보며)
……너 ……왜 그래?

급격하게 굳어진 표정의 길구, 갑자기 벌떡 일어나 밖으로
뛰쳐나간다.
빵집 앞에서 하늘을 바라보며 숨을 몰아쉬는 길구.

(플래시백)

- 클럽. 영식과 만난 뒤 떨리던 악마 선지의 손.

- 정셋빵집. 영식을 보고 소름 돋은 팔을 비비는 선지.

- 정셋빵집 앞.

영식

알아서 최대한 빨리 진행하겠습니다!

- 선지의 집 앞 복도.

악마 선지

놈은 생각보다 빨리 움직일 거야……. 내가 제일
약해지는 날을 노리겠지…….

- 꽃동산 공원.

악마 선지

그믐이 가까워져서 그러나 왜 이리 힘들지…….

(다시 현재)

떨리는 표정으로 하늘을 바라보는 길구, 그믐달이 떠 있다.
길구가 황급히 다시 빵집 안으로 들어가며 선지에게 전화를
걸어보지만 연결이 되지 않는다.

장수

너 왜 그래에?

길구

사장님! 선지 위치 좀 확인해보세요! 빨리요!!

장수

왜?!

길구

전화를 안 받아요!!

놀란 장수가 핸드폰 위치 추적 앱을 켠다. 실시간으로 표시되는 선지의 위치.

장수

얘가…… 지금 왜 이렇게 멀리 있어……. 어디 가는
거야!? 선지 학원 갔다며?!

길구

아까 말씀드린 그 사람인거 같아요……. 그 사람이
선지를…….

장수

뭔 소리야……. 그럼 그 사기꾼이…… 우리 선지랑
지금!
(벌떡 일어나 문 쪽으로 급하게 몸을 틀다가 쓰러지며)
아악!!! 크흑!!

길구

사장님!!!

장수

(허리를 붙잡고 일어나려다가 또 쓰러지며)

으흑!! 크흑!!

길구

움직이지 마세요!! 제가 갈게요! 핸드폰 주세요! 제가
선지 데리고 올게요!! 빨리요!!

장수

(눈빛이 달라진 길구를 바라보다가 핸드폰을 내밀며)

……크흑 ……자! 가서…… 우리 선지 좀 데려와…….

길구

(핸드폰을 받아 밖으로 뛰쳐나가며)

네!!

62. 차 안 ─ 실내/밤

질주하는 길구의 차, 장수 핸드폰에 뜬 선지의 위치를 계속
확인한다.
고속도로, 국도, 시골길을 빠르게 달리며 선지를 향해 달리
는 길구의 모습과 영식의 차 안에서 깊은 잠에 빠진 선지의
모습이 디졸브된다.

63. 시골길 ― 실외/밤

비포장도로를 달리다 멈추는 길구의 차, 좁은 길을 쇠창살 문이 가로막고 있다.

장수의 핸드폰을 들고 차에서 내려 쇠창살 문 앞으로 다가가는 길구, 아무리 문을 흔들어봐도 굳게 닫힌 문을 열 수가 없다.

핸드폰을 바라보는 길구, 선지의 위치가 근처 어딘가에서 멈춰 있고 시간은 벌써 새벽 1시 53분이다.

뒤로 물러나더니 도움닫기로 점프해서 쇠창살 문을 힘겹게 넘어가는 길구, 길게 뻗은 어두운 언덕길을 따라 전력 질주하기 시작한다.

64. 고택 ― 실외/밤

조금씩 꿈틀대다가 정신을 차리고 고개를 드는,

악마 선지

끄흑…… 윽…….

영식

왔어? 사탕 진짜 맛있지?

마당 가운데 놓인 의자에 새끼줄로 묶여 있는 악마 선지, 의식을 위한 옷으로 갈아입은 영식이 삼각대 위에 비디오카메라를 설치하고 다가온다.

악마 선지

(묶인 줄을 풀려고 애쓰며)

끄흑!! 윽!! ……풀어! 이거 안 풀어?!!

영식

풀어주겠냐? 내가 이 고생을 했는데?

(옆 탁자에 있던 낡은 의식용 안경을 쓰고는)

그러니까 내 눈에 띄지 말았어야지! 오래 안 걸리니까

너무 겁먹지 말고……. 어?

(악마 선지를 보며 안경을 벗었다가 껴보길 반복하며)

와! 진짜? 하…… 와…….

(뒤돌아 탄식하며 고갤 푹 숙인 채 혼잣말로)

수련이 부족했나……. 아직 멀었네…….

(몸을 돌려 악마 선지를 바라보며)

진즉 말을 하지! 그럼 이 고생은 안 했을 거 아냐!! 빨리

끝내줄게.

(비디오카메라를 바라보며)

위세 46대 영식! 두 번째 임상 보이겠습니다!

악마 선지의 몸에 연결된 새끼줄을 잡고 진지하게 주문을 외우는 영식.

악마 선지

크아아아아아!!! 으윽!! 꺄아아악!!!

고통에 몸부림치는 악마 선지의 비명이 주변에 울려 퍼진다.
순간, 영식의 뒤쪽으로 보이는 정문이 흔들리며 소리가 나기 시작한다. 쾅! 쾅!
의식을 멈추고 문을 바라보는 영식.
소리가 잠시 멈추더니 이내 쾅! 소리와 함께 문을 부수며 등장하는,

길구

선지야!!!
(괴로워하는 악마 선지의 모습을 발견하고)
지금 뭐 하는 거야!!!

길구가 달려들자 순간적으로 피하며 발을 걸어 넘어뜨리는,

영식

뭐야! 어떻게 찾아왔어?

길구

(쓰러졌다 일어나며)

그만하라고!!!

다시 일어나 덤비는 길구, 영식의 엎어 치기에 순식간에 넘어간다.

영식

그냥 가만있어……. 방해하지 말고…….

길구

(고통스러워하며 엎드린 채)

잘못되면 어쩔 건데…… 지금보다 더 안 좋아질 수도 있다고!! 원하는 대로 해주면 언젠가 사라져준다고 나랑 약속했단 말이야!! 왜 이런 짓을 하는 건데!!

영식

안 그럼 못 하게 할 거잖아? 나 많이 해봐야 되거든…….
근데 너 완전히 홀렸구나…… 이 잡귀한테…….

길구

……뭐? 잡귀……?

악마 선지

난 악마다!! 악마 중에서도 상급 악마라고!! 그 하찮은 목숨이라도 건지려면⋯⋯ 여기서 관둬⋯⋯.

영식

뭔 헛소리야? 악마? 너 악마라고 속이고 다녔냐? 뭐 성당 좀 다녔어? 그래, 잡귀보단 악마가 더 있어 보이긴 하지⋯⋯. 어린 게 끝까지 센 척은⋯⋯ 어차피 곧 사라질 놈이긴 해도 하루라도 빨리 없애는 게 좋잖아?

악마 선지 머리에 손을 얹고 새끼줄을 잡는 영식, 순간 영식 의 손을 때리는 대나무 작대기. 딱!

영식

(고통스러운 표정으로 뒤로 물러나며)
아악!!!

길구

(대나무 작대기를 잡은 채 검도 자세로)
그만하랬지!! 다음엔 머리야!!

영식

뭐 검도야? 학원 좀 다녔어?

길구

(빠른 발놀림으로 영식에게 달려드는)

머리이!!!

영식

(가볍게 피하며)

뭐야 이 새끼…… 잘하지도 못하면서!

길구

(빠르게 다시 공격하며)

머리이!!!

손으로 머리를 막는 영식, 하지만 허리를 타격하는 길구의 작대기. 따악!!

영식

(주변에 있던 돌을 집어 던지며)

아악!! 야 이 비겁한 새끼야!!

길구가 테니스 스윙으로 돌을 쳐서 멀리 날려버린다.
영식이 안경을 벗어 새끼줄에 걸어놓고는 작대기를 주워 들고 길구와 대치한다.

길구

머리……

(달려들며)

머리이!!!

작대기로 머리를 막는 영식, 길구의 작대기가 영식의 다리를 가격한다.

영식

아악!!! 야이 씨!! 입 좀 닥치고 덤벼!!

길구

머리…… 머리이!!!

어디를 막을지 헷갈리는 영식, 길구의 작대기가 영식의 머리를 가격한다. 딱!

영식

아악!!!

이어지는 길구의 공격이 영식의 머리, 허리, 손목, 어깨를 연속으로 가격한다.

길구

머리……!

영식

끄윽…… 제발…… 제발 그냥 덤비라고!!

길구

머리이히!!!

머리를 향해 오는 길구의 작대기를 자신의 작대기로 막는 영식.
빠악!!! 강하게 부딪힌 두 사람의 작대기가 동시에 부러진다.
순간 박치기로 영식의 이마를 들이박는 길구.
빠악!! 강하게 머릴 맞고 바닥으로 쓰러지며 기절하는 영식. 길구가 악마 선지에게 달려가 몸을 묶고 있던 새끼줄을 풀어준다.
악마 선지를 부축해 걸어 나가던 길구, 옆에 있던 카메라에서 메모리 카드를 꺼내 손가락으로 구부러뜨린다.
분이 풀리지 않는지 카메라를 땅에 처박으며 완전히 부숴버리는 악마 선지.
길구가 악마 선지를 말리곤 부축해 밖을 향해 걸어간다.
새끼줄에 걸려 있는 영식의 안경 렌즈 너머로 두 사람의 뒷모습이 보인다.
길구의 부축을 받으며 걷고 있는, 낡은 한복을 입은 작고 마른 몸의 낯선 여자.

65MI.

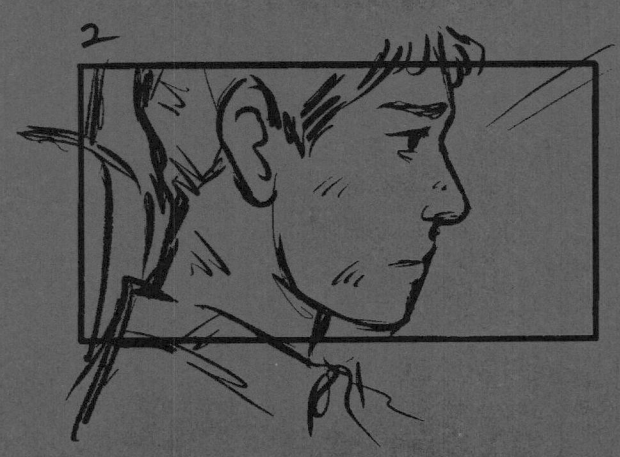

1

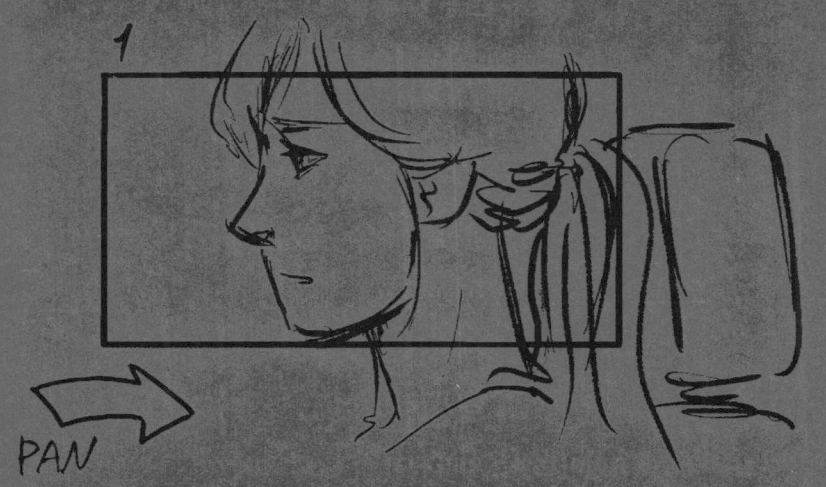

PAN

65. 차 안 — 실내/밤

달리는 차 안, 조수석에 앉은 채 땀을 흘리며 힘들어하는 악
마 선지.
말없이 운전만 하던 길구가 조심스레 입을 연다.

길구

……하고 싶은 말 있음 언제든지 말해……. 나 듣는 거
잘해…….

길구의 말에 표정이 변하는 악마 선지.
잠시 정적이 이어지다가 악마 선지의 대사에 맞춘 과거 장면
이 보인다.

악마 선지

(망설이다가 힘들게 입을 열며)
……살아 있는 게 고통인 시절이었어……. 계속된
흉작과 돌림병으로 사람들은 매일 죽어갔고 곡소리
안 들리는 집이 없었지…….

과거, 썩어가는 생선을 품에 안고 집으로 달려가는 악마 선지.
(낡은 한복을 입은 작고 마른 소녀의 뒷모습)
집에 도착해 방문을 열면, 아버지와 동생의 시체가 보인다.

생선을 떨어트리며 울부짖는,

악마 선지

나도 아버지와 동생을 잃고 혼자가 됐어……. 어느
날 마을에 용하다는 무당이 나타났는데…… 제물을
바치고 기도를 올리지 않으면 모두 죽을 거라
하더라……. 근데 마을에 제물이 될 만한 건 아무것도
없었어…….

얘기를 듣던 길구의 눈빛이 꿈틀댄다.
마을 주민들이 악마 선지를 제물로 바치려 집으로 몰려온다.

악마 선지

날 바라보던 그 눈빛을 잊을 수가 없어……. 난 그렇게
죽었어……. 갓 스무 살을 넘기자마자…….
(잠시 숨을 고르더니 말을 이어가며)
그래도 날 불쌍히 여긴 한 가족이 재로 변한 나를
위로하며 작은 독에 넣고 묻어줬어…….

어둠으로 가득한 공간에서 흐느끼며 괴로워하는 악마 선지
의 모습.

악마 선지

처음엔 그 작은 독 안이 분노와 원한으로 가득 차 이내 터질 것만 같았어……. 근데…… 시간이 갈수록 아픈 게 무뎌지고 사라지더라……. 그렇게 백 년쯤 보내면 다 잊고 편해질 수 있다는 것도 알게 됐고……. 그런데 오십 년이 지났을 무렵…… 선지의 외증조할머니가 날 발견했어…….

산에서 나물을 캐다가 작은 독을 발견하는 선지의 외증조할 머니(30대), 독을 깨끗이 씻고는 김치를 넣어 집 안 마당에 다시 묻는다.

악마 선지

독을 잃어버린 난 갈 곳이 없었어……. 그래서 눈앞에 보이는 데로 들어갔지…….

외증조할머니에게 들어가는 악마 선지, 외증조할머니의 몸 이 꿈틀대며 표정이 순식간에 변한다.

악마 선지

처음이었지만 어렵지 않았어……. 분노로 가득 찬 난 거칠 게 없었으니까…….

- 미친 짓을 하며 날뛰는 외증조할머니를 방에 가두는 가족들.

- 방 안, 배를 만지며 땀을 흘리고 있는 외증조할머니.

악마 선지

내가 들어가기 전부터 그 아이 뱃속엔 새 생명이
자라고 있었어……. 어쩌다 보니 그 작은 몸으로
이동하게 됐고…….

도망가는 십 대의 선지 외할머니와 쫓아가는 가족들.

악마 선지

그 아이가 자라서 생명을 가지자 또 이동했는데……
그게 선지의 엄마 현화였어…….

(동네 어딘가)

달을 보며 양팔을 벌리고 있는 8세의 악마 선지, 이를 바라보며 슬픈 표정을 짓고 있는 엄마 현화. 뒤에서 나타난 젊은 장수가 가족을 따스하게 끌어안는다.

(실외 방방장, 밤)

함께 손잡고 방방을 뛰는 장수, 현화, 악마 선지, 행복한 가족의 모습.

악마 선지

즐거운 날들이었어……. 환하게 웃어주던 그 모습을
보며 잠시나마 모든 걸 잊을 수 있었으니까…….
근데…… 좋은 건 길게 허락되지 않더라…….

방방을 타던 현화가 갑자기 머리에 고통을 느끼고 쓰러
진다.

(과거, 병원)

현화

(병원 침대에 누워 어린 악마 선지를 바라보며)
부탁이야…… 나랑 같이 가……. 우리 선지한테 있지
말고…… 나랑 같이 가자……. 제발…… 같이 가…….

(차 안)

악마 선지

나도…… 나도…… 같이 가고 싶었어……. 근데……
그럴 수 없었어……. 나한텐 채우지 못한 시간이 남아
있었으니까…….

길구

아까 그놈 말은 뭐야…… 너 사라진다는……. 그게

172

무슨 뜻이야…….

악마 선지

이 세상에서의 소멸…… 고통의 기억을 안고서 영원히
어둠 속을 떠돌게 되는…… 독 밖에서
천 번째 보름달과 마주하게 되는 날…… 난 사라지게
될 거야…….
(하늘에 떠 있는 그믐달을 바라보며)
지금 저 달이 다시 보름달이 되는 그날에…….

길구

다른 건…… 뭐 좋은 데로 가는…… 그런 방법은 없어?

악마 선지

누군가의 진심 어린 위로와 함께 그 독에 다시
봉인되고…… 남은 오십 년을 보낼 수 있다면 모든 걸
잊고 편히 사라질 순 있겠지……. 근데 소용없어…….
이젠 그 독도…… 나를 위한 어떤 진심도…… 세상엔
남아 있지 않으니까…….

(플래시백)

여러 곳에서 항아리, 도자기 등을 살피던 악마 선지의 모습.

(차 안)

악마 선지

즐겁고 재밌었던 기억만 남긴 채 사라지고
싶었는데…….
(길구의 표정을 바라보며)
그런 표정 짓지 마……. 선한 척은 사절이니까…….
어둠은 익숙해……. 내가 사라지면…… 모두가 편해질
거야…… 다들 아무 일도 없던 것처럼…….

66. 선지의 집 앞 복도 — 실외/밤

잠에 빠진 악마 선지를 업은 채 엘리베이터에서 내리는
길구.
선지의 집 문 앞에 우두커니 서서 생각에 잠긴다.

67. 정셋빵집 — 실내/낮

선지

진짜야! 버스에서 잠든 거 같은데 깨보니까 집이었어!!

아라

……나도 그런 적 있어……. 다들 가끔씩 그래……
그치, 오빠?

길구

……어! 나도 그런 적 있어…….

선지

진짜요? 너무 황당한데……. 나 요즘 이상한 거
같아…….

길구

선지야, 별일 아니니까 걱정하지 마! 괜찮아…….
(깊게 숨을 들이마시곤 환하게 웃으며)
괜찮아질 거야……. 이제 전부 다 괜찮아질 거야…….

선지

(묘한 표정으로 길구를 잠시 바라보다가)
……Tout ira bien ……Tout ira bien
……Tout ira bien!

아라

……또띠아? 뭐? 뭐라는 거야?

선지

아…… Tout ira bien……. 프랑스어로 '다 괜찮아질
거야'라는 뜻인데…… 내가 제일 좋아하는

문장이거든……. 오빠가 괜찮아질 거라고 하니까
갑자기 말하고 싶어져서…….

선지의 말을 듣고 뭔가 떠오른 표정의 길구.

(플래시백)

화원에서 길구에게 화를 내던,

악마 선지

Tout ira bien! Tout ira bien! Tout ira bien!!
(다 괜찮아질 거야! 다 괜찮아질 거라고!)

68. 몽타주

(선지의 집 앞 복도, 밤)

며칠 동안 악마 선지를 기다리는 길구, 한참을 기다려도 문
이 열리지 않자 결국 집으로 돌아간다.

(선지의 집, 밤)

창문 너머 하늘을 바라보고 앉아 있는 악마 선지, 반달이 보
름달을 향해간다.

(선지의 집 앞 복도, 밤)

장수

며칠째 안 나가려고 그러네, 입도 꾹 닫고……. 진짜

뭔 일이 있었던 거냐? 어?! 그 사기꾼이 뭔 짓을 했는데
저래!

(플래시백)

악마 선지

그냥 이렇게 있다가 조용히 사라질 테니까
가족들한테는 말하지 말아줘······. 부탁이야······.

(선지의 집 앞 복도, 밤)

길구

그때 말씀드린 게 다예요······. 이제 다신 그런 일 없을
거니까 걱정 마세요······.

장수

후······ 네가 그렇다면야······. 하······ 쟤가 아무리
믿고 그래도······ 우리 선지가 꼭 저러고 있는 거
같아서······. 휴······ 조상들이 뭔 죄를 지었길래 우리
선지가 이 고생을 해야 되는 거냐······. 진짜······
대신할 수 있으면 내가······.

길구

(뭔가 떠올라서)

사장님! 혹시 선지…… 외증조할머니 집! 그 집
아직 남아 있어요?

장수

그건 왜?

길구

좀 궁금한 게 있어서요. 아직 있어요?!

장수

글쎄…… 그 할머니 댁이 내 고향 마을 옆인데…… 그
집이 백 년도 넘어서……. 아! 누가 싹 고쳐서 몇 년
전까진 살았다 했나……? 거기 숨어 있어서 외지인은
찾기도 어려워…….

길구

위치 어딘지 아세요?! 네?!! 어딘데요?!

장수

멀어…… 되게…….

69. 길구의 집 — 실내/밤

방으로 뛰어 들어오는 길구, 경품이 가득 쌓인 공간에서 야전삽, 모종삽, 랜턴, 우비, 비상식 등 물품을 챙긴다. 배낭을 하나 꺼내 옷과 장비를 빠르게 쑤셔 넣는 길구. 집어 든 손전등 손잡이 고리에 인형(내기에서 뽑은) 고리가 걸려 있다. 인형을 빼내려고 하다가 잘 안 되자 배낭 바깥 망사 주머니에 같이 집어넣는 길구.

70. 엘리베이터 — 실내/밤

배낭을 멘 채 핸드폰을 바라보며 발을 동동 구르는 길구.

71. 123동 앞 — 실외/밤

황급히 밖으로 뛰쳐나오는 길구, 앞에서 대기하던 택시에 올라탄다.

72. 김포국제공항 — 실외/새벽

택시에서 내려 공항으로 들어가는 길구.

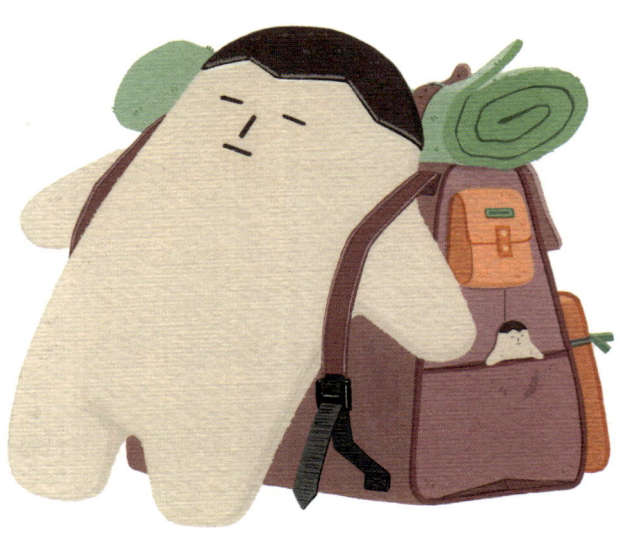

73. 제주국제공항 — 실외/오전

공항 밖으로 나오는 길구, 택시를 타고 어디론가 향한다.

74. 마을 — 실외/낮

한적한 마을 입구, 택시에서 내리는 길구, 약도를 보고 집을 찾기 시작한다.
마을 할머니에게 약도를 보여주는 길구, 할머니가 손으로 위치를 알려준다.

75. 숲 — 실외/낮

숲으로 들어가는 길구, 사람이 다니지 않는 길이지만 약도에 적힌 대로 수풀을 헤치며 나아간다. 발을 헛디뎌 언덕을 데굴데굴 구르는 길구, 넘어진 채 고개를 들면 수풀 사이로 오래되고 허름한 옛날 집의 일부분이 보인다.
장수가 그려준 약도의 집 그림을 보며 제대로 찾은 걸 확인하는 길구.

76. 선지의 외증조할머니 집 — 실외/낮에서 밤

무성한 수풀을 헤치고 마당으로 들어서는 길구, 서둘러 가방에서 야전삽을 꺼내 땅을 파기 시작한다.

(점프)

밤이 되고 땅을 다 헤집어놓은 길구, 지친 듯 땅에 드러눕는다.

달을 바라보는 길구, 점점 보름달이 되어가는 모습이다.

벌떡 일어나 다시 땅을 파기 시작하는 길구.

77. 아파트, 놀이터 ― 실외/밤

그네에 탄 채 보름달이 거의 다 된 달을 바라보던 악마 선지, 주위를 둘러보며 누군가를 기다리는 표정이다. 이때 악마 선지의 뒤로 다가오는,

장수

오랜만에 한번 세게 밀어줄까요?

악마 선지

됐어…… 그만 들어가자…….

장수

간만에 나왔는데 벌써? 뭐 다른 거 탈까요?

말없이 그네에서 내려 집 쪽으로 성큼성큼 걸어가는 악마

선지.

78. 선지의 외증조할머니 집 — 실외/낮

완전히 다 파헤쳐져 있는 마당의 모습, 길구가 자리에 털썩 주저앉는다.

(점프)

탈진 직전인 표정의 길구가 핸드폰으로 오늘 밤 보름달이 뜨는 걸 확인한다.

순간, 배터리가 다해 꺼지는 핸드폰.

고개를 푹 숙이는 길구, 갑자기 들리는 새소리에 고갤 천천히 든다.

마당 위 바위에 작은 새가 앉아 길구를 보며 말하듯 지저귀고 있다.

잠시 새를 바라보던 길구, 주변을 둘러보면 바위 밑 빼고는 다 파여 있는 마당.

뭔가 깨닫고 벌떡 일어나는 길구. 작은 새가 바위를 떠나 하늘로 날아간다.

바위를 밀기 시작하는 길구, 큰 바위라 꿈쩍도 하지 않는다.

용을 쓰다가 나무 작대기를 구해와 돌을 괴고 지렛대 삼아 들기 시작하는 길구,

노를 당기듯 있는 힘을 다해 작대기를 당겨본다.

길구

으아아아아아!!!

툭! 하고 나무 작대기가 부러지며 옆으로 쓰러지는 길구.

(점프)

쇠 작대기를 구해 와 다시 시도하는 길구, 작대기와 손을 끈
으로 감아 연결하고 있는 힘을 다해 돌을 들어본다.

길구

우아아아아아!!!

조금씩 들썩거리던 바위가 결국 옆으로 밀려난다.

정신없이 땅을 파기 시작하는 길구, 삽 끝에 뭔가 턱! 하고 걸
린다.

길구가 조심스레 흙을 치우자 드디어 작은 독의 뚜껑이 모습
을 드러낸다.

신중한 표정으로 뚜껑을 들어 올리는 길구, 싸악 올라오는
묵은지 냄새를 콧속 깊이 들이마시며 웃는 건지 우는 건지
모를 묘한 표정을 짓는다.

79. 숲 ― 실외/저녁

독이 든 가방을 소중히 안은 채 숲길을 달리는 길구, 하늘엔

노을이 깔려 있다.

순간! 돌부리에 걸려 넘어지는 길구, 벌떡 일어나 가방 안을 확인하고 안도의 한숨을 내쉬곤 다시 달리기 시작한다.

80. 시골길 ─ 실외/밤

계속 뒤를 돌아보며 달리는 길구, 아무리 손을 흔들어도 차들이 그냥 지나간다.

다가오는 불빛에 손을 흔드는 길구, 할머니가 운전하던 사륜 바이크가 멈춰 선다.

(점프)

바이크 짐칸에 탄 채 상의를 갈아입는 길구, 할머니가 바이크의 속도를 낸다.

81. 읍내 ─ 실외/밤

인사를 하며 바이크에서 내리는 길구.

할머니가 길구에게 받은 묵은지 비닐을 들어 보이며 손을 흔든다.

근처에 있던 택시에 빠르게 올라타는 길구.

82. 제주국제공항 — 실내/밤

택시에서 내려 공항 안으로 빠르게 달려 들어가는 길구.

83. 선지의 집 — 실내/밤

(화장대)

거울에 비친 자신의 얼굴을 바라보다가 억지로 씨익 한번 웃어보는 악마 선지.

(아라의 방)

자고 있는 아라를 물끄러미 바라보던 악마 선지, 아라에게 다가가 얼굴을 만지면서 뭔가를 하고는 조용히 방에서 나간다.

84. 편의점 — 실외/밤

카운터에서 폰폰시폰 플레인 한 개를 계산 중인 장수.
뒤늦게 들어온 여학생이 폰폰시폰이 없자 실망한 표정으로 변한다.

악마 선지

(폰폰시폰 플레인을 들고서)
장수! 이거 좀 지겹다! 초록색으로 바꿔 와!

장수

어? 예······.

폰폰시폰 플레인을 민트초코로 바꿔 오는 장수.
여학생이 묘한 표정으로 악마 선지를 바라보다가 폰폰시폰
플레인을 집어 든다.

악마 선지

(밖으로 나가다가 편의점 알바를 바라보며)

······ 수고하세요.

편의점 알바

(뭐지 싶은 표정으로)

······안녕히 가세요······.

85. 산책길에서 인공 연못 앞까지 — 실외/밤

폰폰시폰 민트초코 맛을 다 먹고 빈 갑을 장수에게 건네는
악마 선지.

장수

야······ 잘 먹네! 뭔 일이래? 입맛 변했어요?

악마 선지

(장수 손에 든 물을 뺏어 마시며 입을 헹구곤)
······끄응 ······아무리 해도 이건 적응이 안 돼······.
그래도 이걸 먹었더니 미련은 안 남네······.
큭큭큭······. 장수야! 몸은 이제 좀 괜찮아?

장수

조금 불편하긴 한데······ 이 나이에 뭐 다 그렇죠.

악마 선지

걱정 마. 넌 이름값이 있어 일찍 갈 팔자가 아냐······.
너······ 이제부터 말 놔······. 내가 허락해줄게······.

장수

하······ 빨리도 하게 해주네······. 애들은 진즉에 놓게
해주더니······. 나 진짜 말 놔?
(악마 선지를 물끄러미 바라보더니)
내가 진짜 너 무슨 짓 할까 봐······ 끝까지 말 안 놓은
건데······ 그래······ 이 정도 했음 말 놔도 되지 뭐······.
우리가 이러고 다닌 지가 벌써 몇 년째냐······. 세월 참
빠르네······. 나도 예전엔 팔팔하고 괜찮았잖아? 응?
기억나지?

(플래시백)

어린 선지를 돌보는 장수의 지극한 모습이 시간의 흐름에 따라 보인다.

악마 선지

그래…… 괜찮았지……. 장수 너…… 그동안 고생 많았어…….

장수

뭐야…… 갑자기 왜 이래? ……말 놓지 말까요?

악마 선지

그런 거 아냐!
(주변을 둘러보다가 장수의 어깨에 손을 올리고)
너 여기서 계속 살아! 괜찮은 동네니까…….
편의점이 길 건너 있는 게 별로긴 한데……
내 감 믿어봐! 너도 아라도…….

(인서트)

아라의 방, 자고 있는 아라의 이마에 큰 떡상 스티커가 하나 붙어 있다.

장수를 바라보며 미소 짓고 있던 악마 선지, 장수의 어깨에 올렸던 손이 조금씩 떨리기 시작하자 아무렇지도 않은 척 손을 내리고 뒤로 돌아선다.

악마 선지

(보름달을 한 번 바라보고는)

……그놈은 ……아직도 소식 없냐?

장수

누구……? 길구……? 통 연락이 없네. 전화기도 꺼져

있고…….

악마 선지

어디…… 갔는데?

장수

저어기…… 멀리 그……!

(고갤 돌려 뒤를 바라보며)

……길구야!!

고개를 돌리는 악마 선지, 달려온 길구가 헐떡거리며 눈앞에

서 있다.

장수

너 지금 온 거야? 연락이 왜 이렇게 안 돼!!

길구

혁…… 혁…… 날씨 땜에…… 비행기가 너무 늦게
떠서요……. 진짜 못 올 뻔했어요…… 혁…… 혁…….
(악마 선지를 바라보며)
다행이다……. 사장님! 지금부턴 제가 맡을게요!!

길구

(악마 선지의 손을 낚아채고 달리기 시작하며)
가자!!

장수

야!! 어디 가!! 야!!

길구

나중에 말씀드릴게요!! 걱정 마세요!!!

86. 꽃동산 공원 입구 — 실외/밤

택시에서 내리는 길구와 악마 선지.
길구가 악마 선지의 손을 붙잡고 언덕을 올라가기 시작
한다.

87. 꽃동산 공원 — 실외/밤

헉헉대며 공원으로 올라온 길구와,

악마 선지

(붙잡고 있던 손을 빼며)
헉헉…… 여긴 왜 데리고 온 거야!

길구

헉헉! 너 여기 좋아하잖아! 오빠 안 보여서 궁금했지?

악마 선지

이 자식이 안 본 사이 돌았나!!

길구

미안…… 내가 좀 바빴어…….
(보름달을 바라보고는)
시간 별로 없지?!

길구가 가방에서 꺼낸 독을 보곤 놀라서 말을 잇지 못하는
악마 선지.

길구

진짜 찾기 어렵더라……. 여기에 다시 들어가서 오십
년 지내면 되는 거지? 그렇게 하면 그냥 사라지지 않고!
남의 몸에 붙어살 필요도 없고! 아픈 기억 다 잊고!
편해질 수 있는 거지? 맞다고 해주라! 나 이거 진짜
힘들게 찾았어!

길구의 더러워진 옷과 신발, 손톱에 낀 흙을 바라보는 악마
선지.

길구

진짜…… 김치가 들어 있더라……. 백 년쯤 된
김치가…… 아주 묵은지가 돼가지고 버리려고 했는데!
나 도와준 할머니가 달라고 하셔서 드렸어! 아! 독은
내가 잘 씻었었는데…… 그래도 냄새 좀 날 거야…….
완전히 없애진 못했어…….

울먹이는 표정을 감추려 고개를 푹 숙이는 악마 선지.

길구

너 여기 들어가면…… 내가 아무도 건들지 못하게!!
안전하게 오십 년! 아니 그 이상도 지낼 수 있도록
책임질게!

193

#87A.

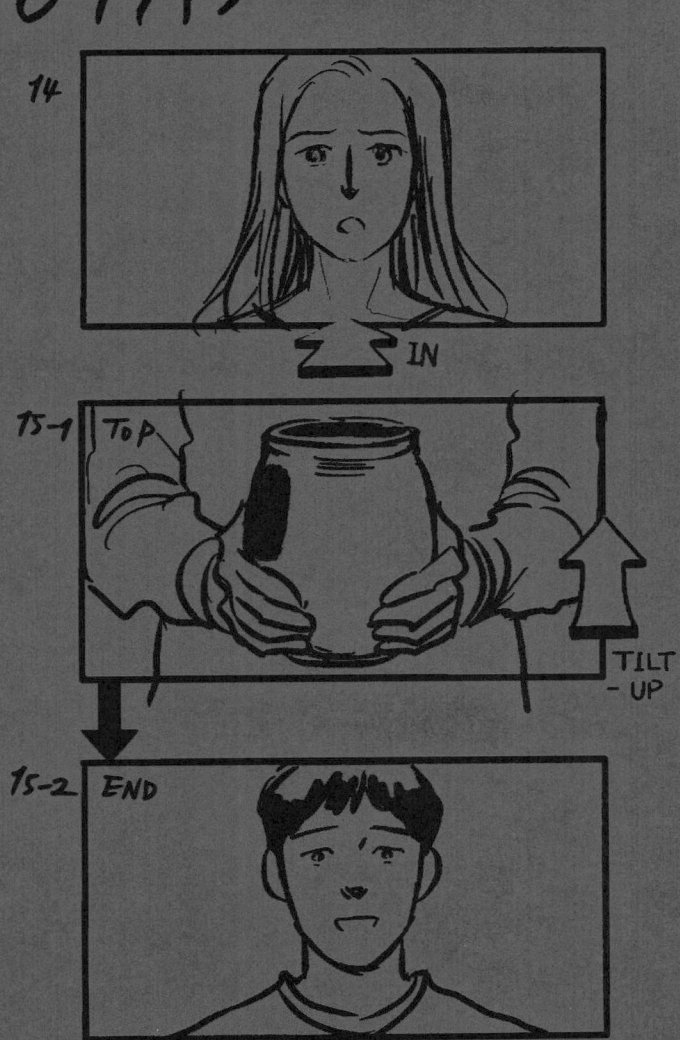

14

IN

15-1 TOP

TILT - UP

15-2 END

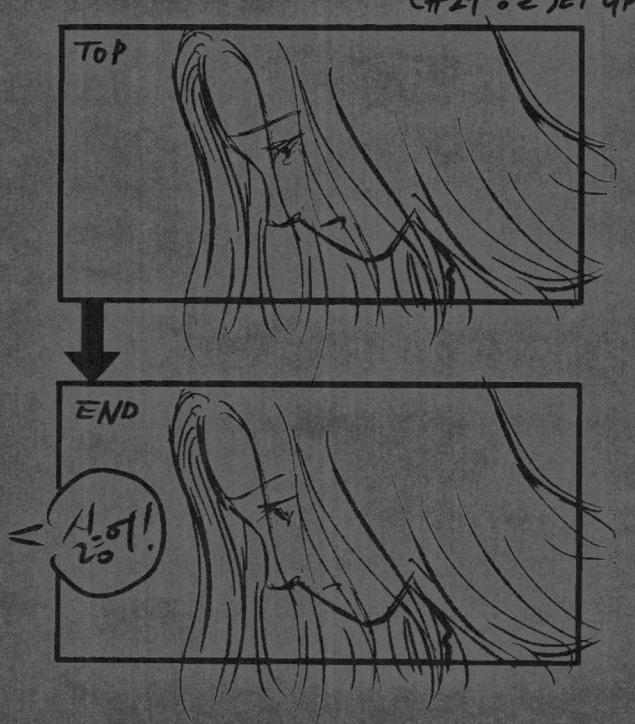

악마 선지

(고개를 숙인 채)

왜…… 왜 이렇게까지 해? 내가 그렇게 불쌍해?

길구

싫어…….

길구의 말에 동공이 확대되는 악마 선지.

길구

네가 이렇게 그냥 사라지는 건 싫으니까…… 다 잊고
좋은 데로 갔으면 좋겠으니까!
(조금씩 훌쩍거리기 시작하는 악마 선지를 바라보며)
너 악마 아닌 거 알고 있었어……. 나한테 안 들키려고
고개 돌려 몰래 웃고…… 내가 피곤해하면 자는
척하고…… 말라버린 꽃이 안타까워 몰래 물도
주는…… 세상에 그런 악마가 어딨어……. 하려면
제대로 하던가……. 나는 네가 아팠던 거! 힘들었던 거
다 잊고! 그냥 편해졌으면 좋겠어!
(살짝 미소를 지으며)
그동안 많이 외롭고 힘들었지? 고생했어.

길구의 마지막 말 한마디에 눈물이 쏟아져 나오는,

악마 선지

아앙……!! 흑흑흑…… 으헝……엉엉엉엉!!
어헝엉엉엉!!

(플래시백)

악마 선지의 아픈 과거, 혼자가 되고 구걸을 하고 풀뿌리, 곤충, 나무껍질까지 먹으며 간신히 살아간다. 눈빛이 변한 사람들이 칼을 들고 다가오고, 눈을 감았다 떠보면 독 안 짙은 어둠에 갇혀버린 악마 선지, 완전한 암흑 속 외로움에 고개 숙여 울기 시작한다.

그때, 갑자기 한 줄기의 빛이 비치며 들리는 길구의 목소리.

길구(소리)

이제 다 괜찮아질 거야……. 그만 울어…….

현실, 고갤 들어 눈앞의 길구를 바라보는 악마 선지.

길구

……이름 말해줘.

악마 선지

흐흑…… 흑…… 흑흑흐…….

길구

…… 진짜 네 이름…… 말해줘…….

악마 선지

흑…… 흐흑…… 나는…… 내 이름은……
문양이야…… 문양!! 흑흑…….

길구

……문양…… 문양이……. 되게 예쁜 이름이다…….

달을 바라보는 길구, 한 무리의 구름이 달을 가리려 다가오
고 있다.

길구

문양아…… 준비됐어?

울먹이며 고개를 끄덕이는 문양. 바닥에 놓인 독의 뚜껑을
조심스레 여는,

길구

(호흡을 가다듬고 손으로 문양이를 가리키며)
후…… 문양에게 명한다……!! 당장 그 몸에서 나와
이 독으로 들어가라…….

눈물이 글썽글썽한 문양이 길구의 얼굴을 뚫어지게 바라보며 함께 보낸 시간을 떠올린다, 돌아보니 행복한 기억들.

시작은 삐꺽댔지만 점차 길구에게 맘을 열어가는 문양.

인형 뽑기방에서 길구를 훔쳐보며 닮은 인형을 고르던 순간.

대나무 길에서 길구와 새끼손가락을 걸었던 기억.

길구

문양에게 명한다!! 당장 그 몸에서 나와 이 독으로 들어가라!

조금씩 앞으로 발을 내딛는 문양.

바람이 불어와 주변의 꽃나무를 흔들기 시작한다.

길구

문양에게 명한다!! 당장!! 그……!

달려가 길구를 와락 끌어안는 문양, 주변으로 꽃잎들이 아름답게 흩날린다.

문양

흑…… 고마워…… 정말 고마워…… 흑흑…….

잠시 문양의 머리를 손으로 부드럽게 쓰다듬다가 천천히 입을 여는,

길구

……문양에게 명한다…….

문양

(울먹임에 '선지야'란 발음이 뭉개져 잘 안 들리며)
흐흑…… 선지야, 기억해! 조금만 더 용기 내면 돼!
조금만!!

길구

당장 그 몸에서 나와…….

문양

꼭 기억해야 돼!! 꼭!!

길구

이 독으로 들어가라…….

천천히 눈을 감는 문양, 얼굴에 후련한 미소가 번진다.
갑자기 불어온 작은 회오리바람으로 인해 두 사람이 꽃잎에
휩싸인다.

흩날리던 꽃잎들이 마치 문양의 영이 이동하듯 독 안으로 조금씩 들어간다.

길구

(옅은 미소로 작별을 고하며)
잘 가…… 잘 가, 문양아…….

문양

(마지막 숨을 길게 들이마시며)
흐으흡~.

길구에게 안긴 채 평온한 표정을 짓고 있는 문양의 얼굴에서 화이트아웃.

88. 에필로그

하얀색만 가득하던 화면 안으로 거대한 컨테이너 크레인의 집게가 들어온다.
카메라를 향해 천천히 내려오는 집게.
집게가 컨테이너를 들어 다른 컨테이너 위로 올린다.
엄청나게 많은 컨테이너가 쌓여 있는 항만 부두.
거대한 크레인 조종실에 앉아 있는 길구가 능숙하게 일을 하고 있다.

길구(소리)

문양이가 떠나고…… 말했던 것처럼 모든 게
괜찮아졌다…….

선지의 집, 시간을 확인하며 선지가 잠에서 깨지 않는 걸 바
라보는 장수, 아라.
정셋빵집, 길구를 안고 통곡하는 장수와 아라.

길구(소리)

마치 아무 일도 없었던 것처럼 모두가 변화에
익숙해져갔고…… 결국 그날도 다가왔다…….

감자탕집, 답답하단 표정으로 길구를 바라보며 소리 지르는,

희범

가만있을 거야? 이렇게 그냥 보낼 거냐고!! 이 답답아!!

공항, 출국장 안으로 들어가는 선지.
손을 흔들며 배웅하는 길구, 장수, 아라.
선지를 향해 애써 더 크게 웃어 보이는,

길구(소리)

할 수 있는 한 제일 크고…… 환한 미소를 지으며 손을

흔들었다. 그리고 다시 난…… 꽤 오랜 기간 잠을 잘 수
없었다…….

첫 씬에 등장한 인형 뽑기 기계 앞을 지나가던 길구, 잠시 멈
춰서 바라보다가 이내 가던 길을 간다.

길구(소리)
이후 아라는 자신에게 미래를 걸어보겠다며
독립했고…….

아라의 빵집, 치즈케이크 위에 전기 인두로 '치즈케이크 아
라!' 인장을 찍는 아라.
가게로 들어오는 희범을 바라보며 미소 짓는다.
정셋빵집, 인부들이 간판 내리는 모습을 바라보는 장수.

길구(소리)
(다른 가게로 바뀐 예전 정셋빵집 자리를 바라보며)
사장님도 집과 가게를 정리하시고 이곳을 떠나셨다.
집값이 많이 올라서일까 생각했었지만……
(장수가 여행을 하며 카톡으로 보내온 사진들이
보이며)
그게 이유는 아니었던 거 같다.

겨울. 베란다 문을 열고 내리는 눈을 만져보는 길구, 뒤로 길구 부모님이 보인다.

여름. 현재, 초록이 가득한 아파트 산책길을 걷고 있는,

길구(소리)

지금은 그저 바랄 뿐이다…… 오랜 시간 외롭지
않게 잘 버틸 수 있기를……. 부디 편해지기를…….
그리고……
(고개 들어 하늘을 바라보며)
먼 곳에서도 겁내지 않기를……. 꼭 다시 만날
수 있기를……. ……말할 수 있기를……. 바라고
바라본다…….

모든 게 마무리되듯 길구의 얼굴에서 떠오르는 화면.

화면이 하늘을 향하면, 때마침 파란 하늘을 배경으로 지나고 있는 비행기.

비행기를 비추던 화면이 내려오며 자연스레 공항으로 연결된다.

(공항 내부)

수많은 사람들 속 캐리어를 끌며 걷고 있는 선지의 뒷모습.

선지

(통화를 하며)

괜찮아! 아빠 아직도 내가 앤 줄 알아? 바로는
아니고……. 응…… 꼭 먼저 가야 할 데가 있어서…….
이따 봐!

(공항 외부, 버스 정류장 앞)

선지 앞으로 공항 버스가 다가와 멈춘다.

(공항 버스 안)

익숙한 바깥 풍경을 보다가 생각에 잠기는 선지.

(과거, 정센빵집)

- 길에 있던 깨진 유리병을 치우는 길구. 우연히 이 모습을
  보게 되는 선지.
- 길구가 아라에게 이끌려 빵집에 왔다가 도망치듯 나간 뒤
  선지가 개업 수건을 집어 들고 밖으로 달려 나간다.

아라

언니! 그거 만 원 이상 사야 주는 거야!!

- 카운터에서 공부 중이던 선지가 밖에서 청소 중인 길구를
  몰래 바라본다.

(공항 버스 안)

얼굴에 미소가 번지는 선지, 측면 창문으로 보이는 바다.

선지(소리)

용기 내지 못해 남겨두고 떠났었다…….

(과거, 선지의 집)

아라

왜! 나도 바다 가고 싶다고!!

선지

집에 있어! 그냥 오늘 넌 아픈 거야! 조금!

(과거, 정샛빵집)

선지

뭐가 그렇게 겁나는지……. 용기가 없는 거 같기도
하고……. 제가 제일 답답해요…….

(과거, 선지의 방)

유학 전날, 짐을 다 싸놓고 생각에 잠긴 선지.
핸드폰으로 길구에게 연락할까 말까 망설이는 모습.

(과거, 공항)

출국장에서 고갤 내밀고 돌아가는 길구의 뒷모습을 바라보
는 선지.

(과거, 프랑스 제빵 학교 복도)

친구들과 학교생활을 즐기는 밝은 선지의 모습.

(과거, 프랑스 선지의 방)

책상에서 공부하던 선지, 잠시 쉬며 핸드폰으로 사진을 보다가 펜을 들어 포스트잇에 뭔가를 쓰기 시작한다.

(공항 버스 안)

길구와 함께 바다에서 찍었던 셀카를 바라보다가 천천히 눈을 감는 선지.

선지(소리)

어떤 순간이 계속해서 떠올랐다…….

파편의 기억이지만 생생한 느낌…… 누군가의 따뜻한 품과 잊을 수 없는 목소리…….

(과거, 꽃동산 공원)

길구의 가슴팍을 향해 달려가는 흐릿한 선지의 시점, 들리는 문양의 목소리.

문양

흐흑…… 선지야, 기억해! 조금만 더 용기 내면 돼!
조금만! 꼭 기억해야 돼! 꼭!

(과거, 프랑스 선지의 방)

선지가 책상 앞 벽에 포스트잇을 붙인다. '조금만 더 용기 내자'.

선지 (소리)

꿈이었는지 현실이었는지…… 아직도 잘
모르겠다……. 하지만 이제는 중요하지 않다…….
알게 됐으니까……. 그 목소리가 내게 전하려 했던 게
무엇인지…… 알고 있으니까…….

(공항 버스 안)

눈을 감은 채 호흡을 가다듬으며 용기를 내는 선지, 눈을 뜨고는 핸드폰을 본다. 달리는 버스 창밖으로 보이는 선지, 통화 버튼을 누르고 핸드폰을 귀에 댄다.

(아파트, 인공 연못 앞)

인공 연못 앞을 지나가는 길구의 핸드폰 벨이 울린다.
발신자명을 보고 놀라는 길구, 떨리는 손으로 천천히 핸드폰을 귀에 대본다.

길구

……여보세요?

길구의 모습을 스치며 위로 떠오른 카메라가 시계탑을 비춘다.
정확하게 오후 2시를 가리키는 시곗바늘.

885R

1-1
TOP

1-2
END

PAN

조금만 더 용기내자

2-1
TOP

IN

조금만 더 용기내자

2-2
END

그리고 천천히 디졸브되는 화면들.

엘리베이터 문, 길구의 집 현관문, 길구의 방문, 방 내부 붙박이장 문을 지나면……

짐으로 가득 쌓여 있는 붙박이장의 내부, 그 한쪽 구석에 사각 쇠 프레임과 굵은 줄로 보호된 채 놓여 있는 작은 독.

독 표면에 각종 취급 주의, 유리 보호, 개봉 금지 등 안전 스티커와 악마 선지가 땅에 그린 자화상이 인쇄돼 붙어 있다.

그리고 들리는 과거 문양의 목소리.

문양(소리)

……바보들 ……너희는 진짜 바보들이다……

키키키키!

카메라가 독 안으로 들어가면 어두운 내부에 희미하게 보이는 인형 하나.

문양이가 길구를 닮아 못생겼다고 한 그 인형이 환하게 웃는 표정으로,

누군가를 외롭지 않게 잘 지켜줬음 하는 마음을 담은 채 독 안에 홀로 놓여 있다.

끝

* 엔드 크레디츠는 동화책 삽화 배경과 글자로 구성하며, 마지막 숏은 실제 제작한 동화책이 접히며 표지에 '2시의 데이트' 제목이 보이는 걸 촬영, 삽입해 마무리한다.•

• 시나리오 쓸 당시에 붙여 둔 영화 제목이 '2시의 데이트'였다.

#END.

1-1 TOP

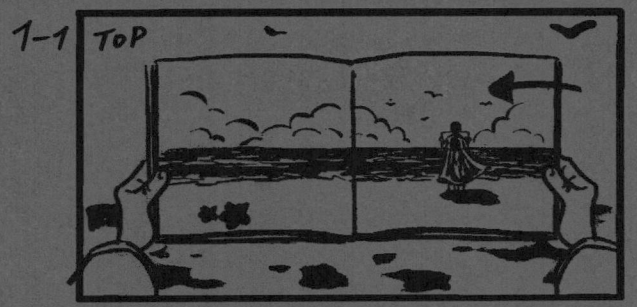

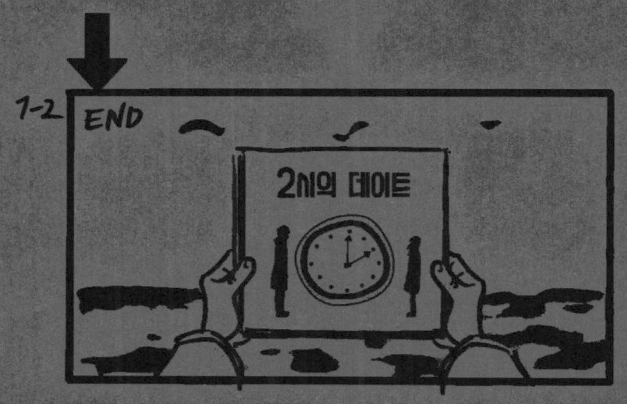

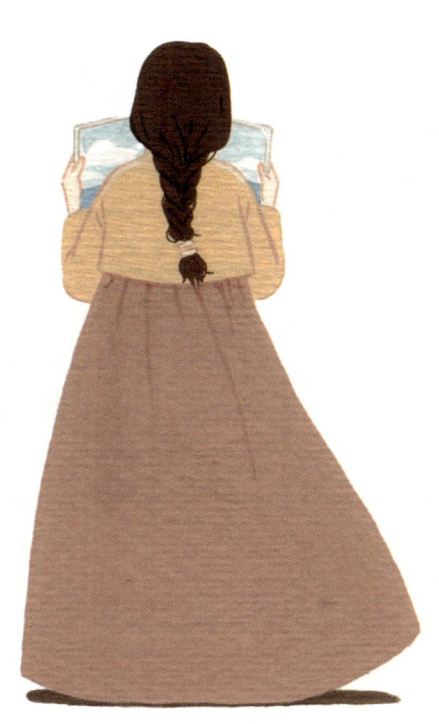

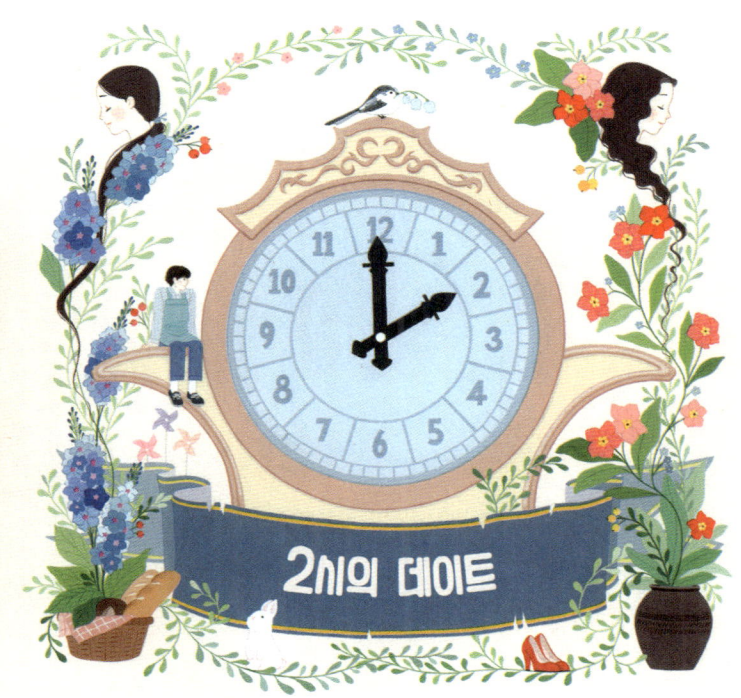

2시의 데이트

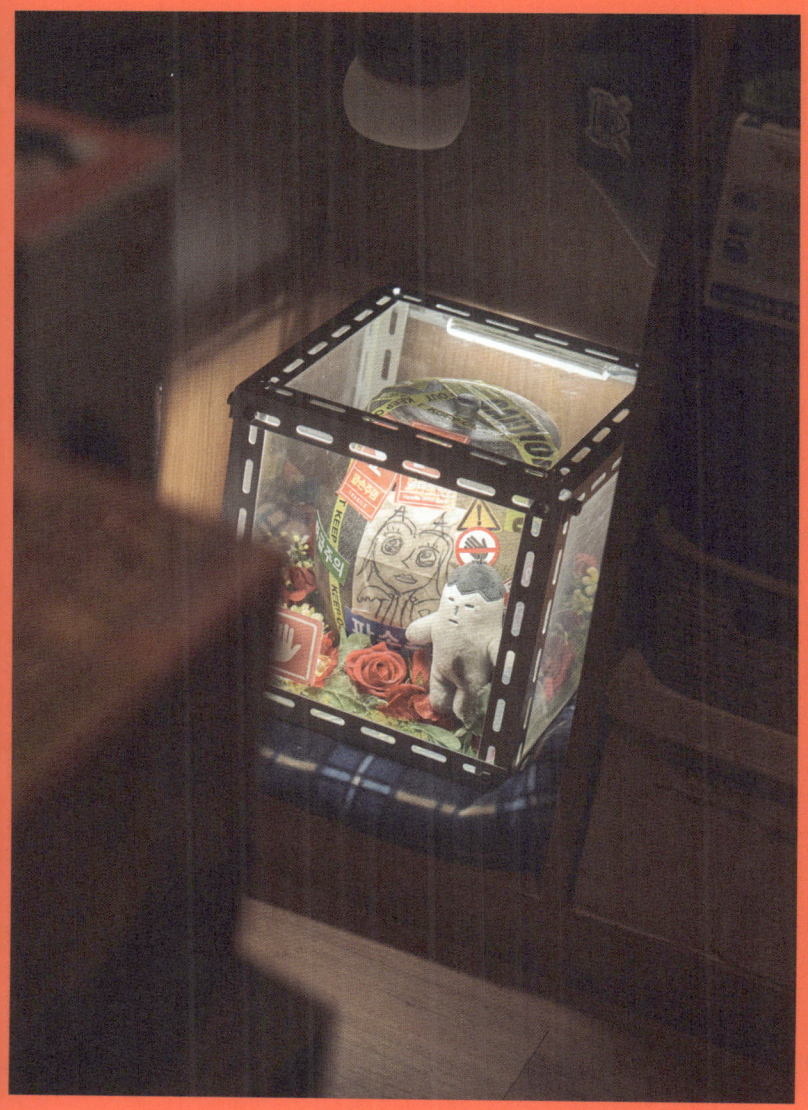

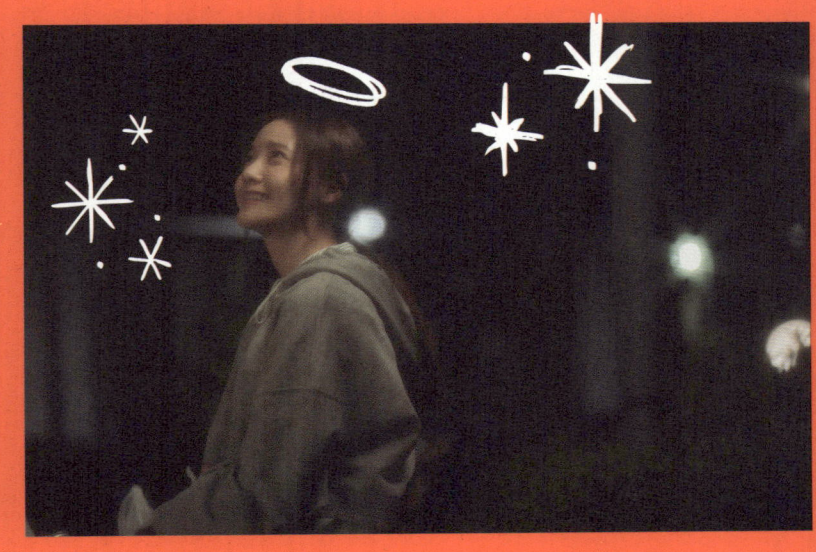

그냥 되게······
되게 아름다웠어······.
진짜 천사가 있다면
그렇게 생겼을 거
같아······.

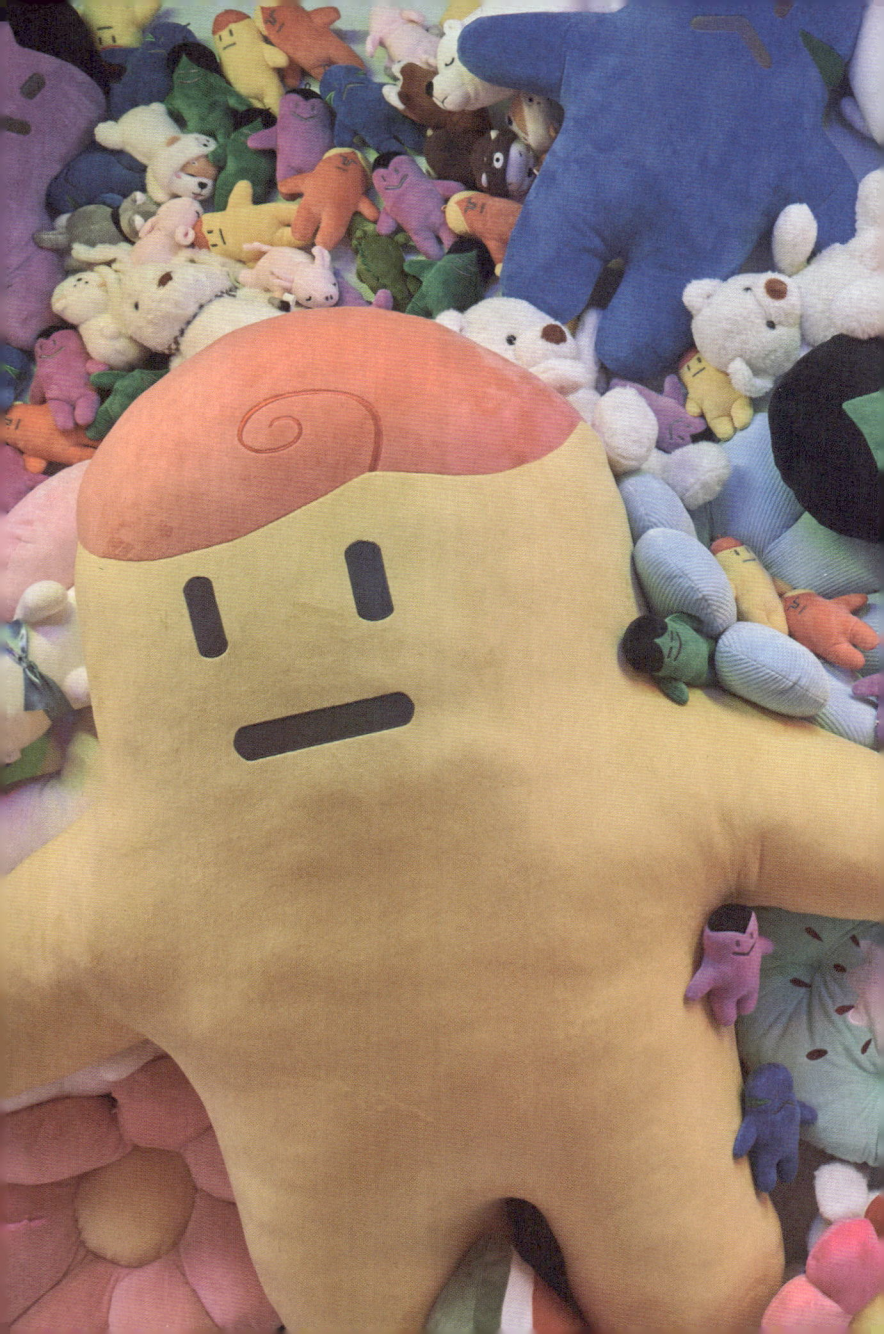

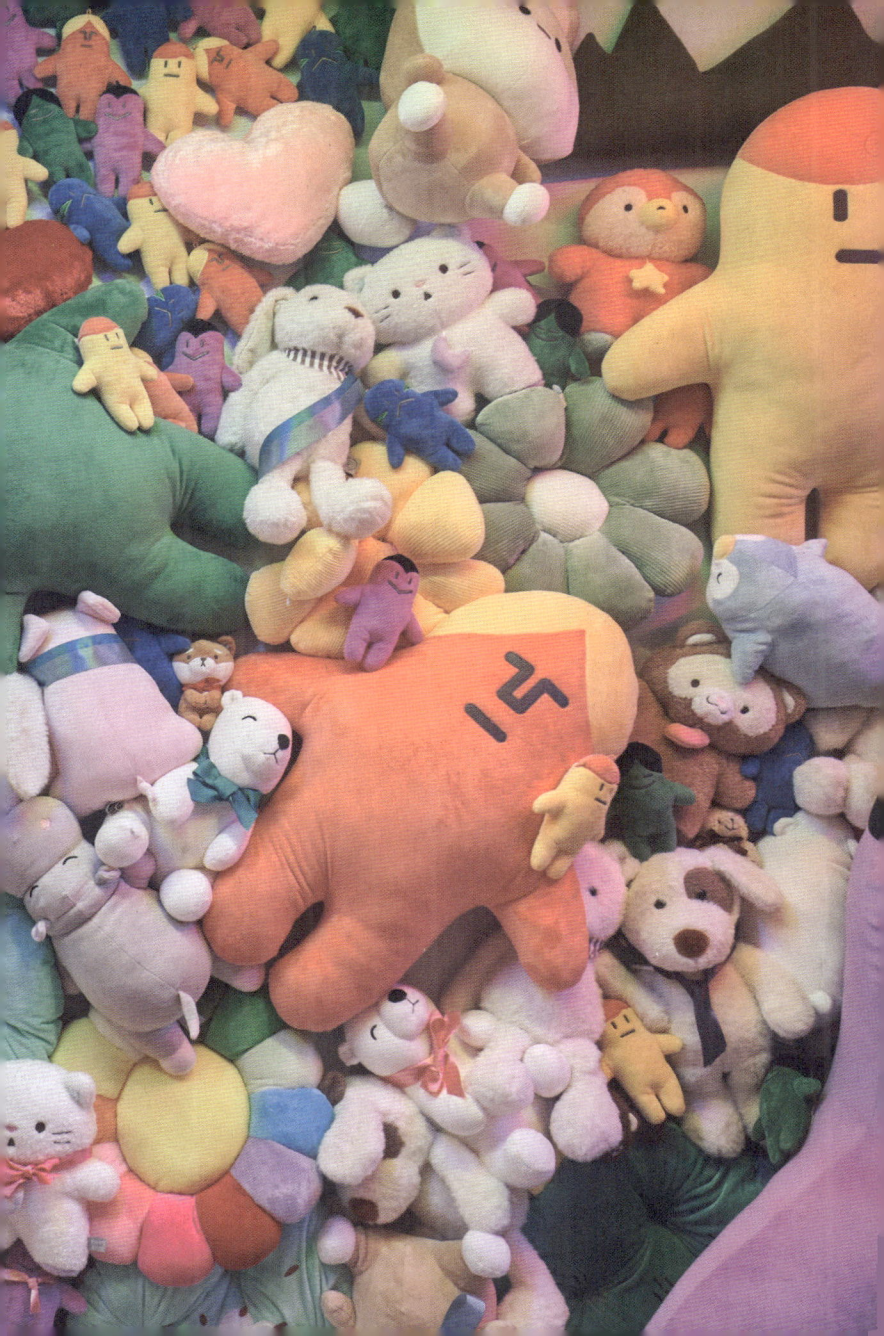

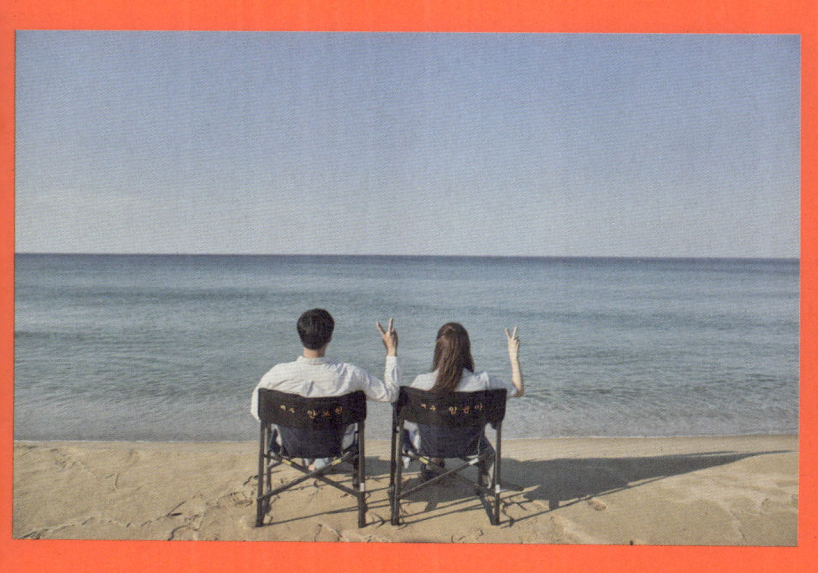

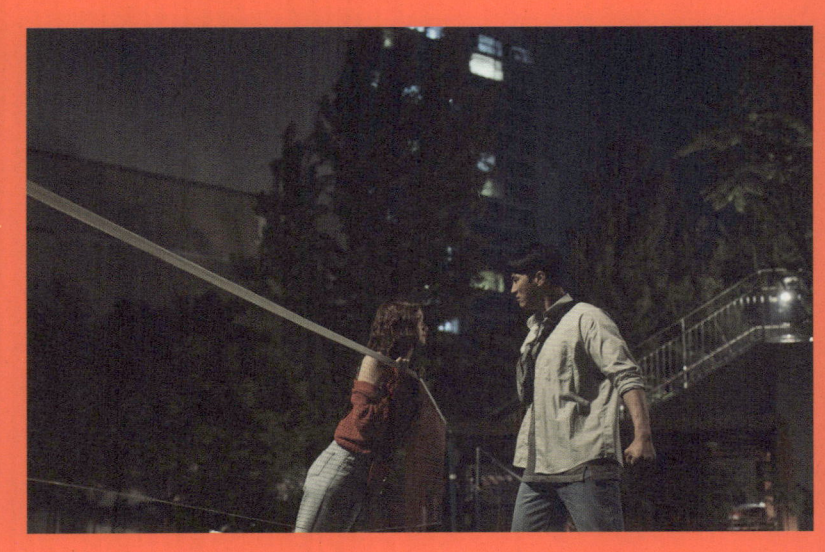

······오빠 ······

저 ······오빠

좋아해요······.

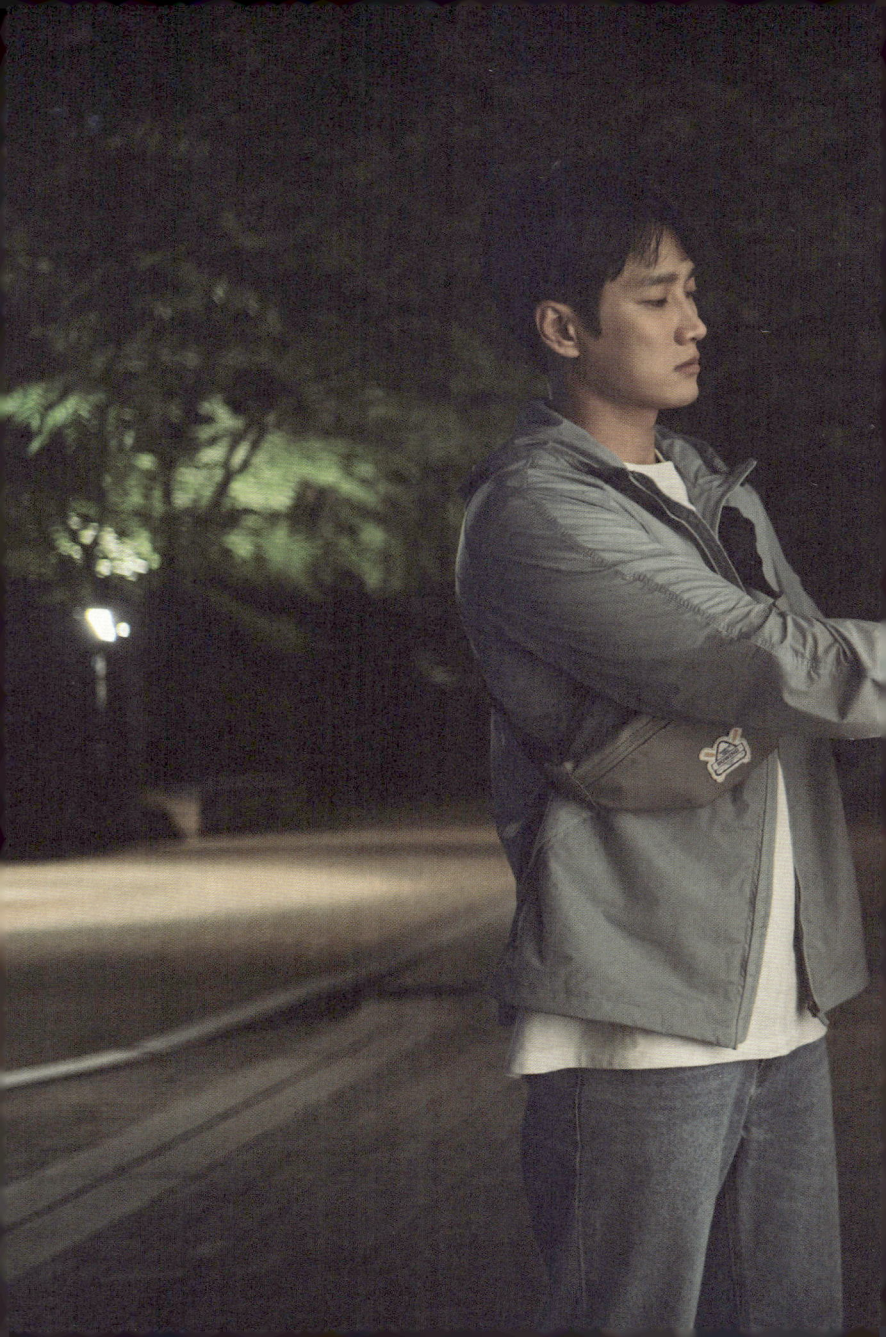

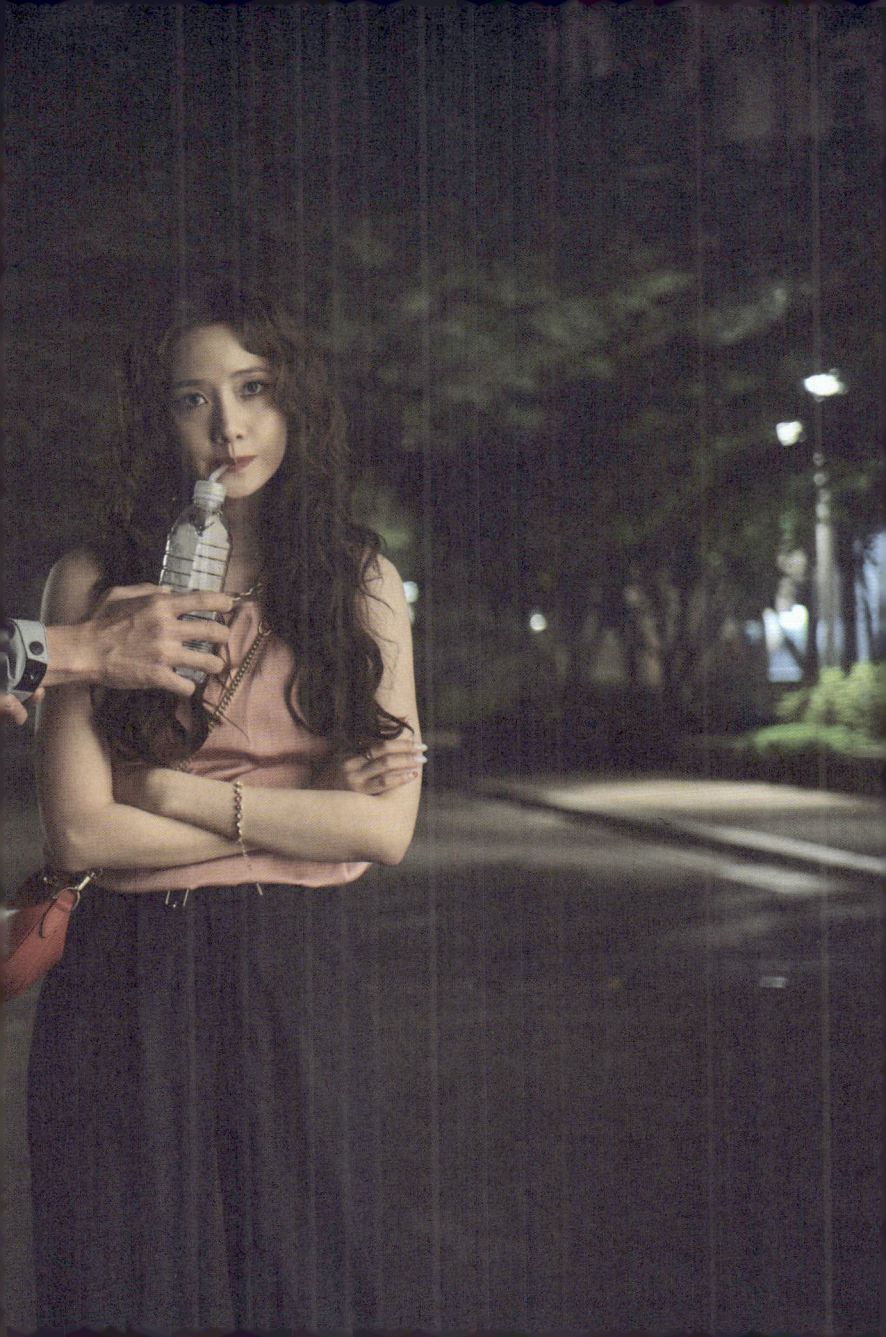

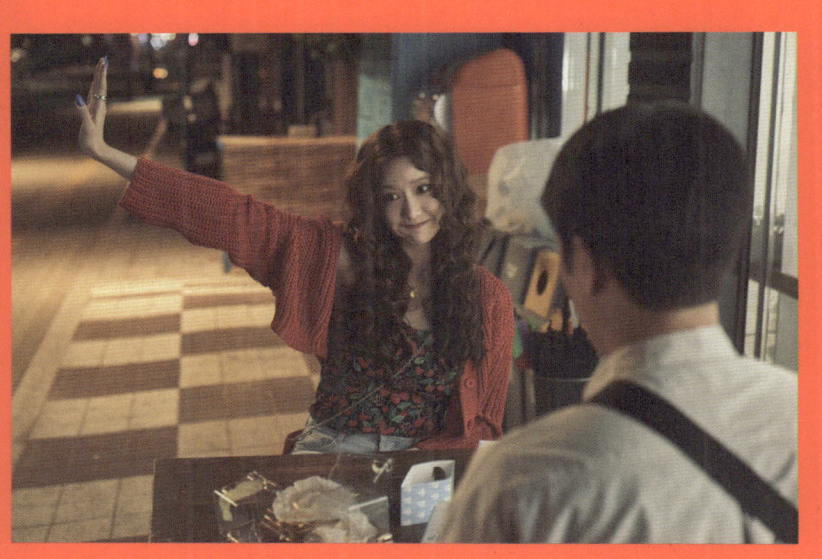

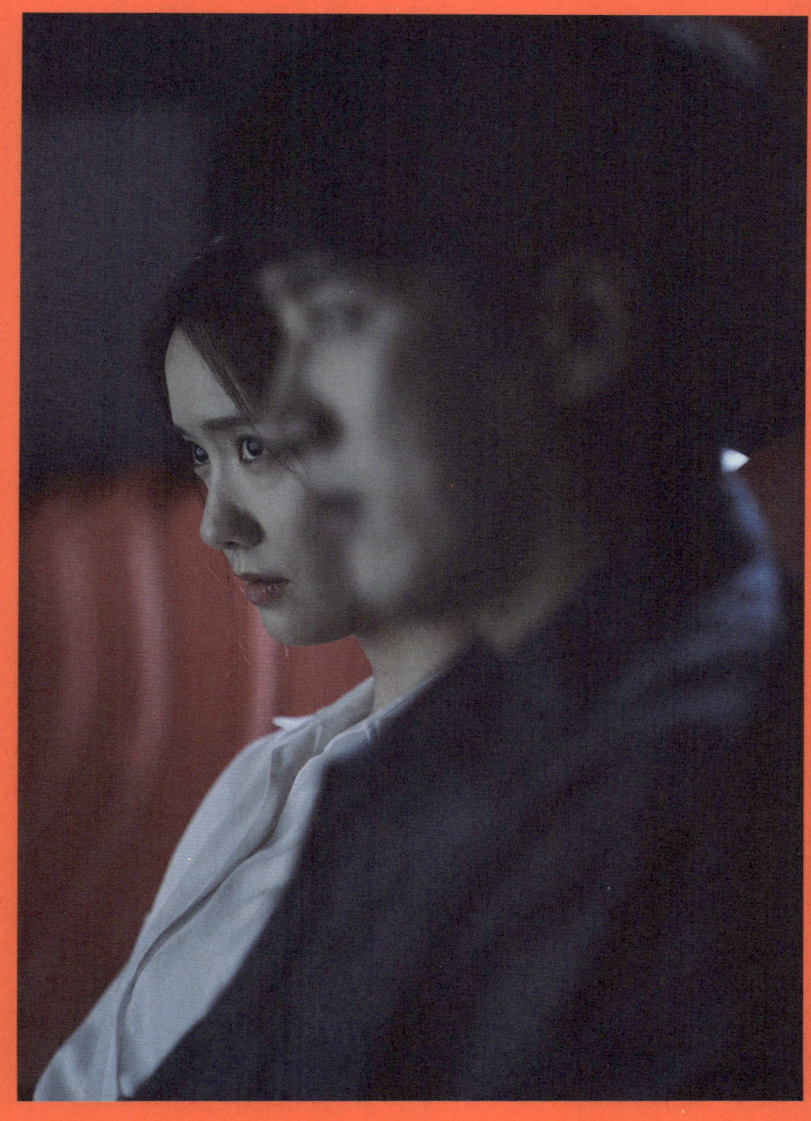

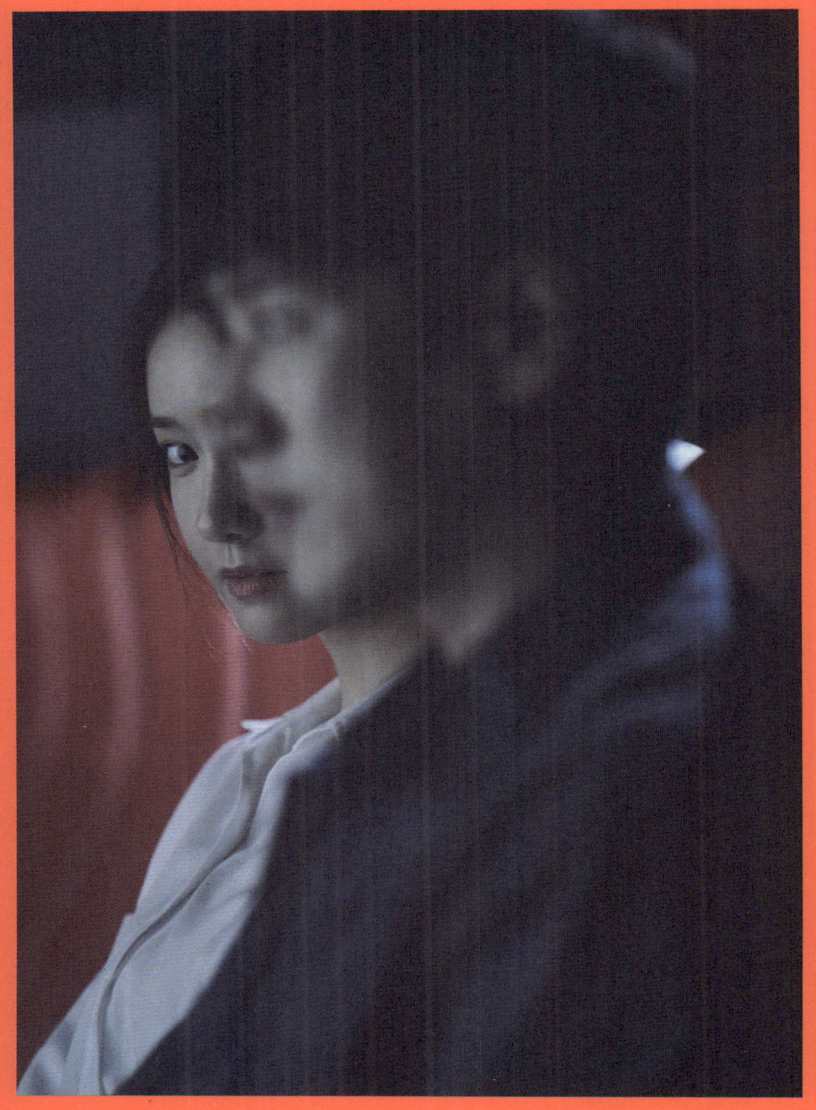

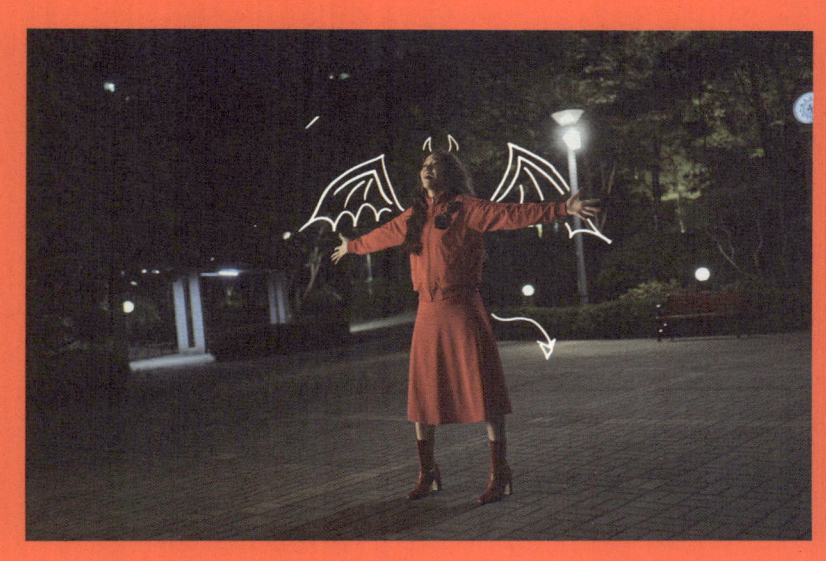

난 그냥 악마가 아니야!
악마 중에서도 상급
악마다! 너같이 하등한
인간 따위에게 이 뿔과
날개가 보이겠냐?

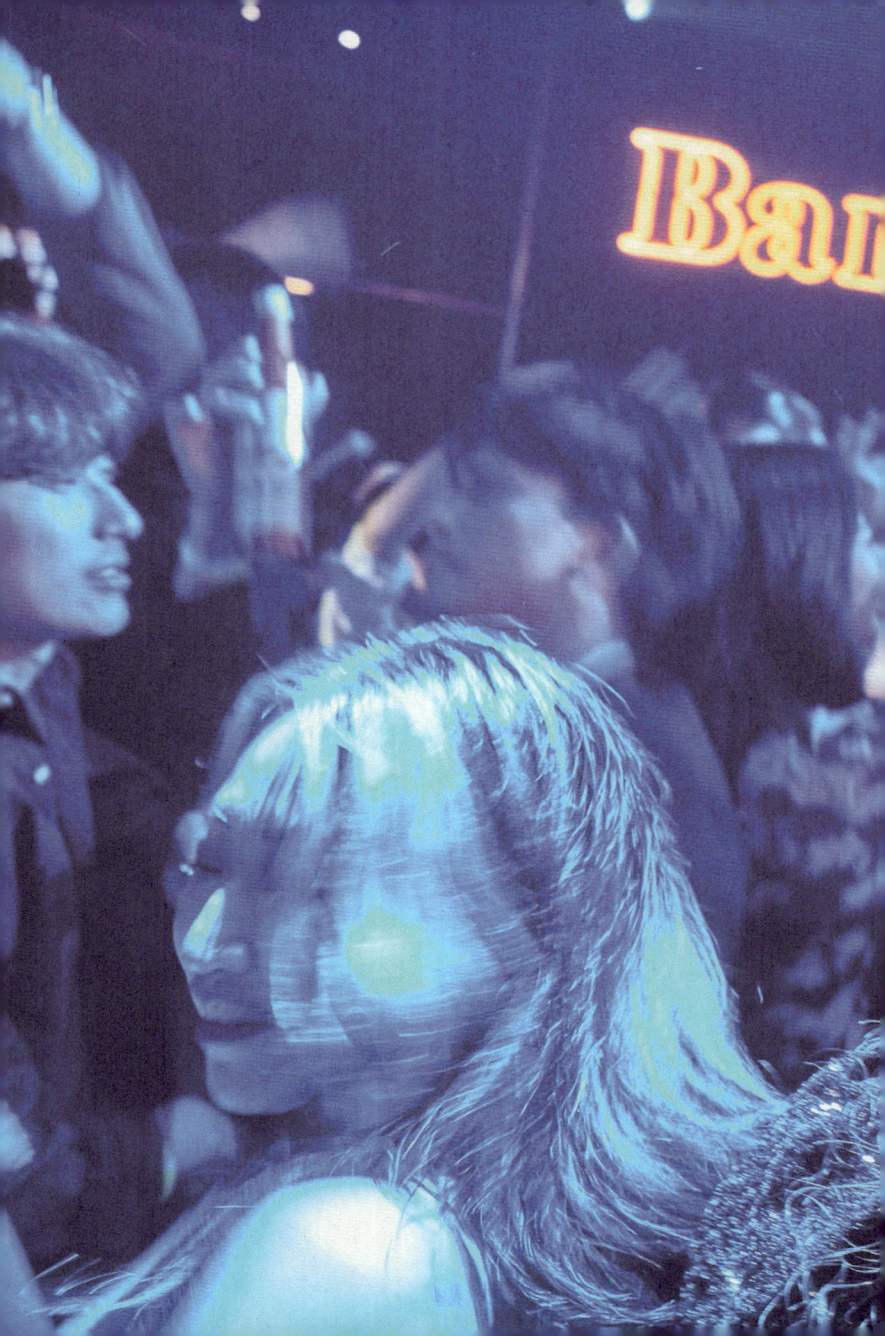

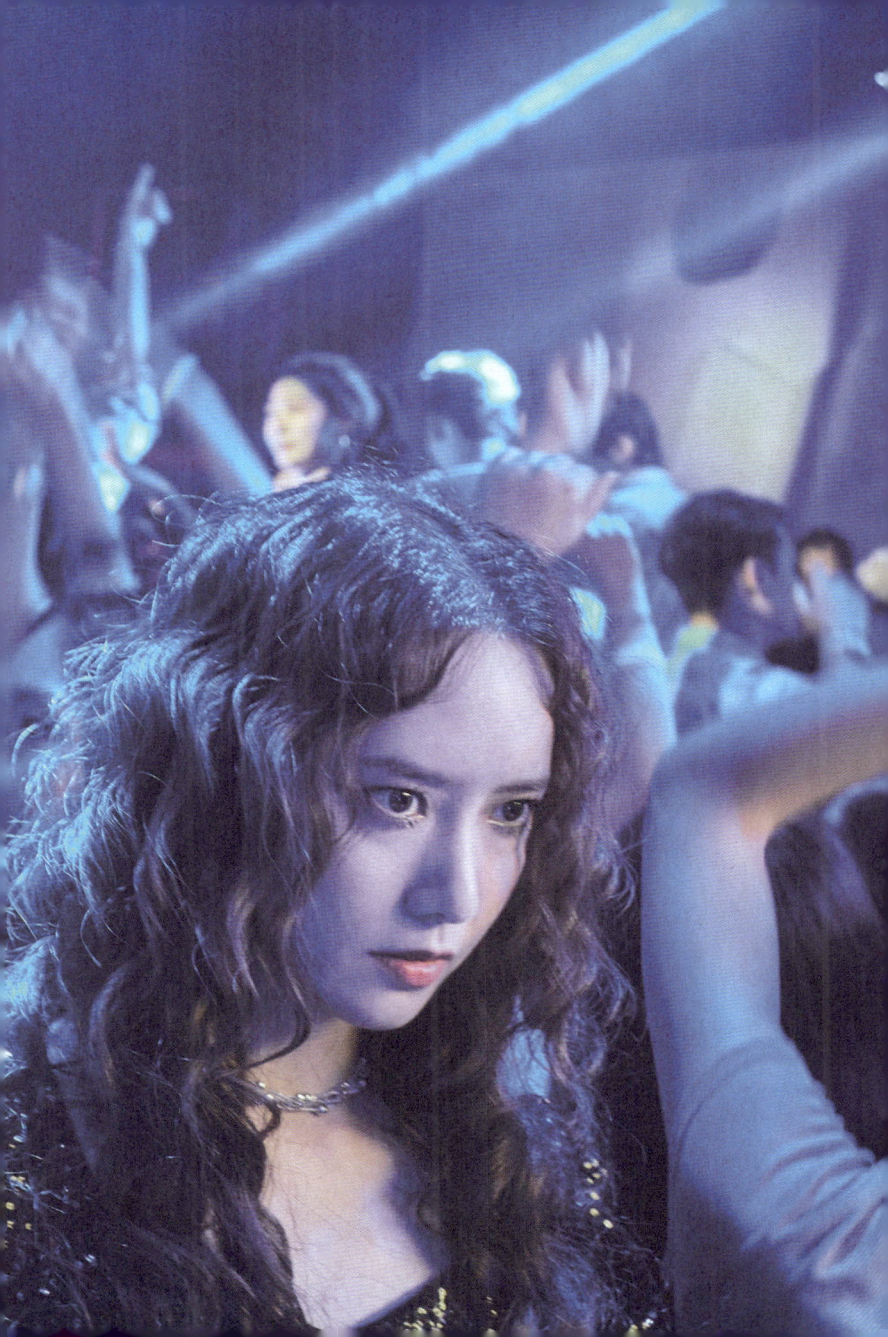

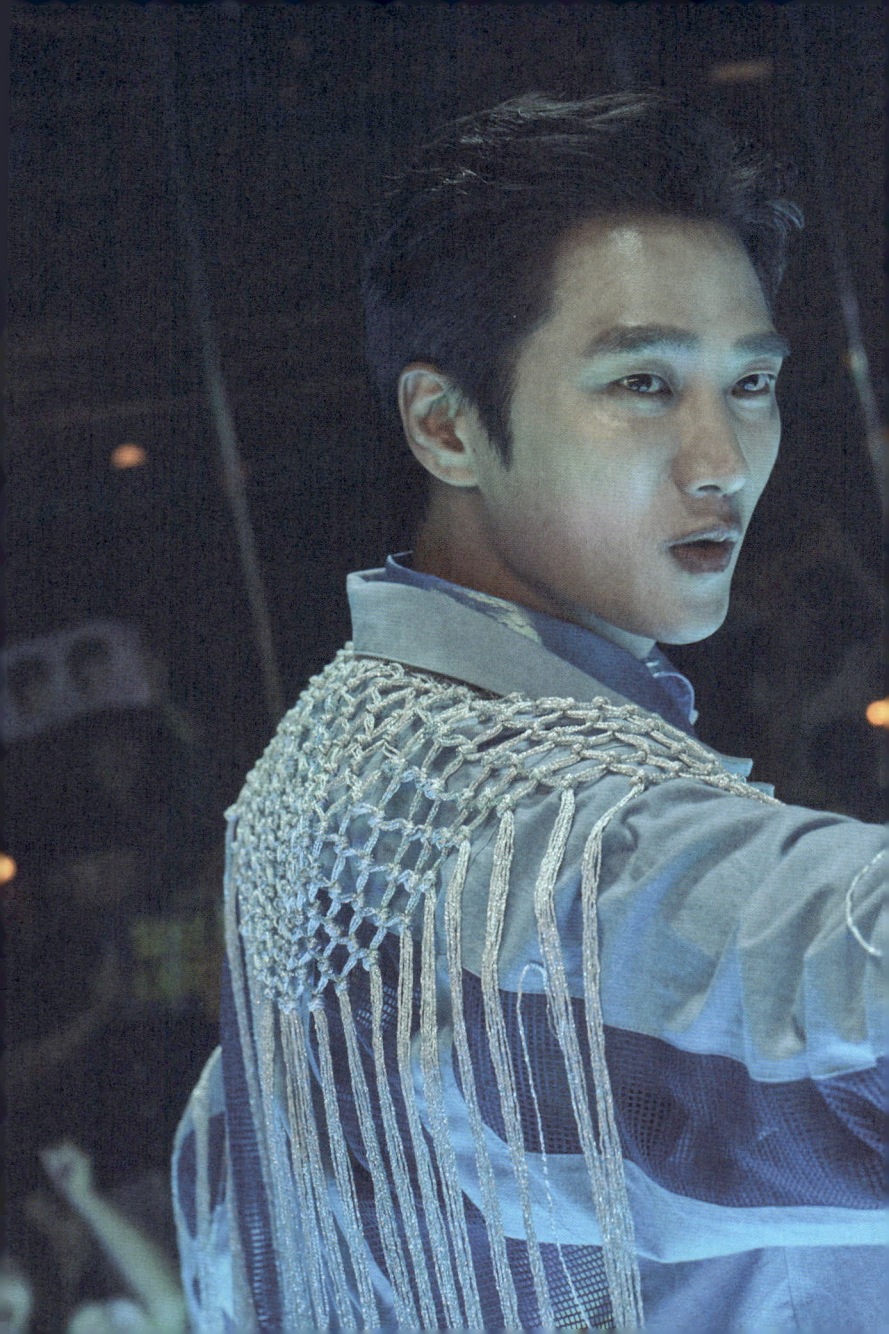

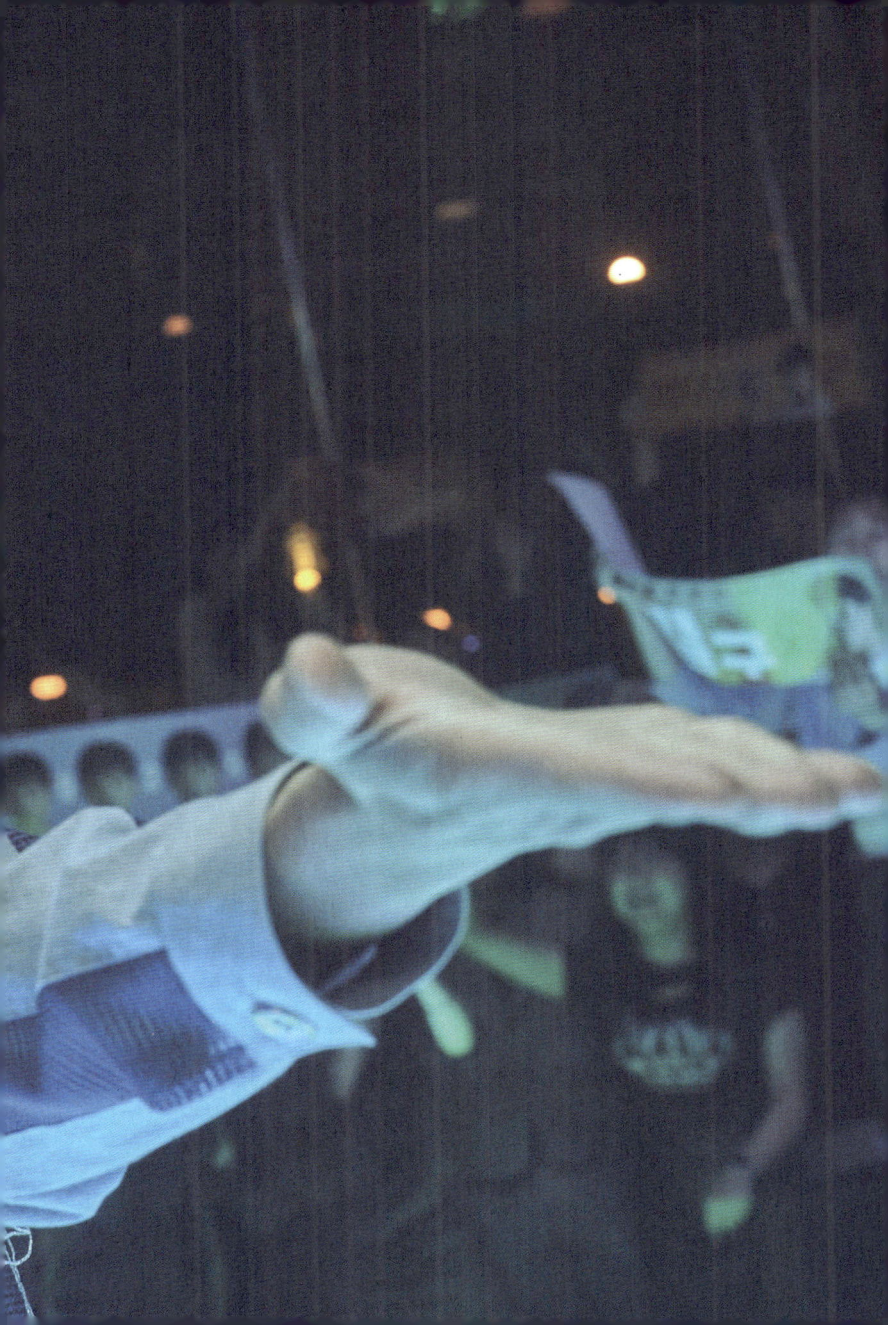

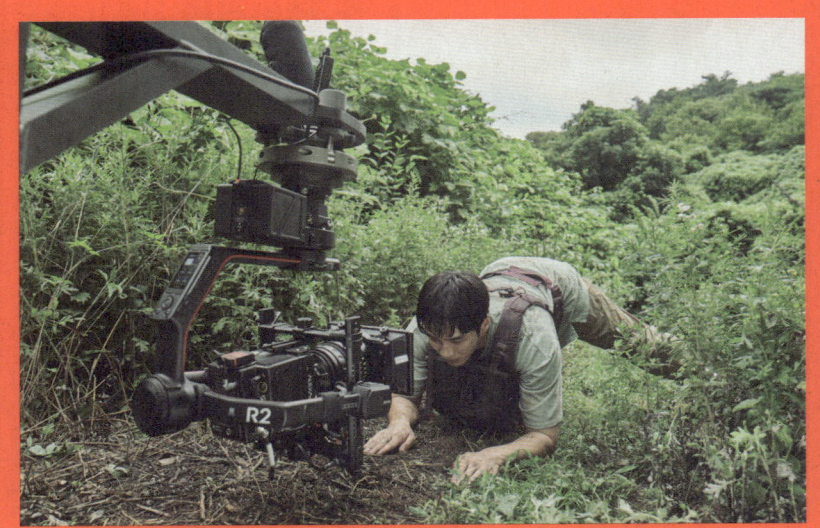

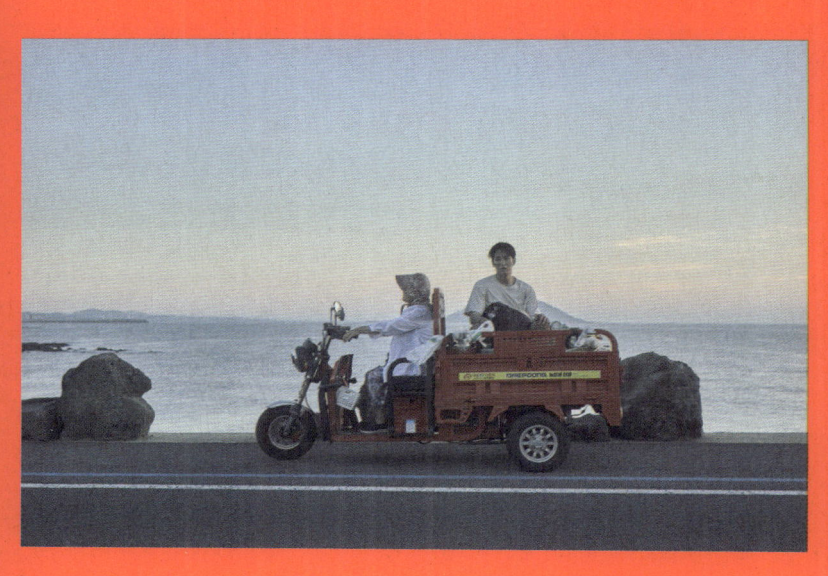

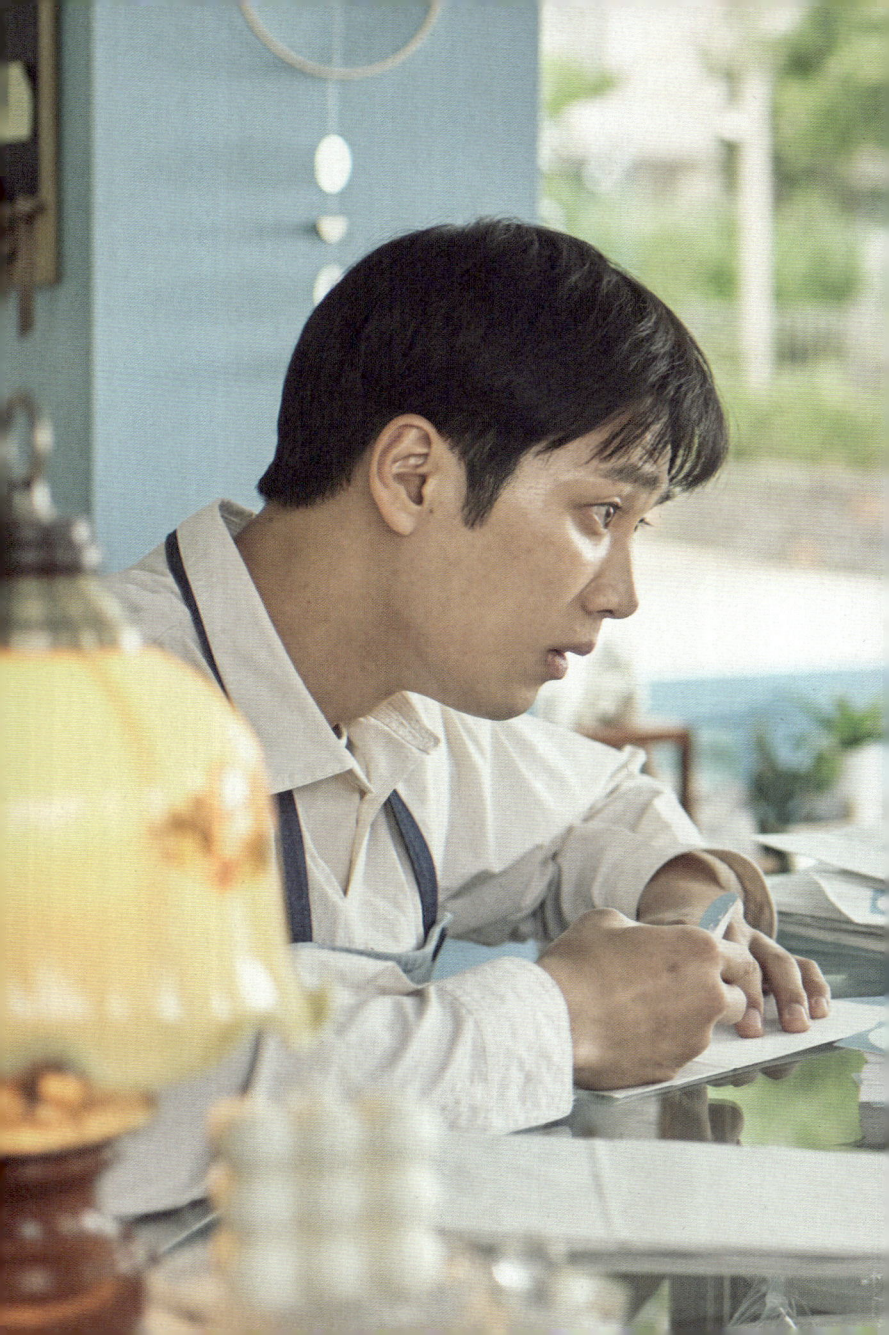

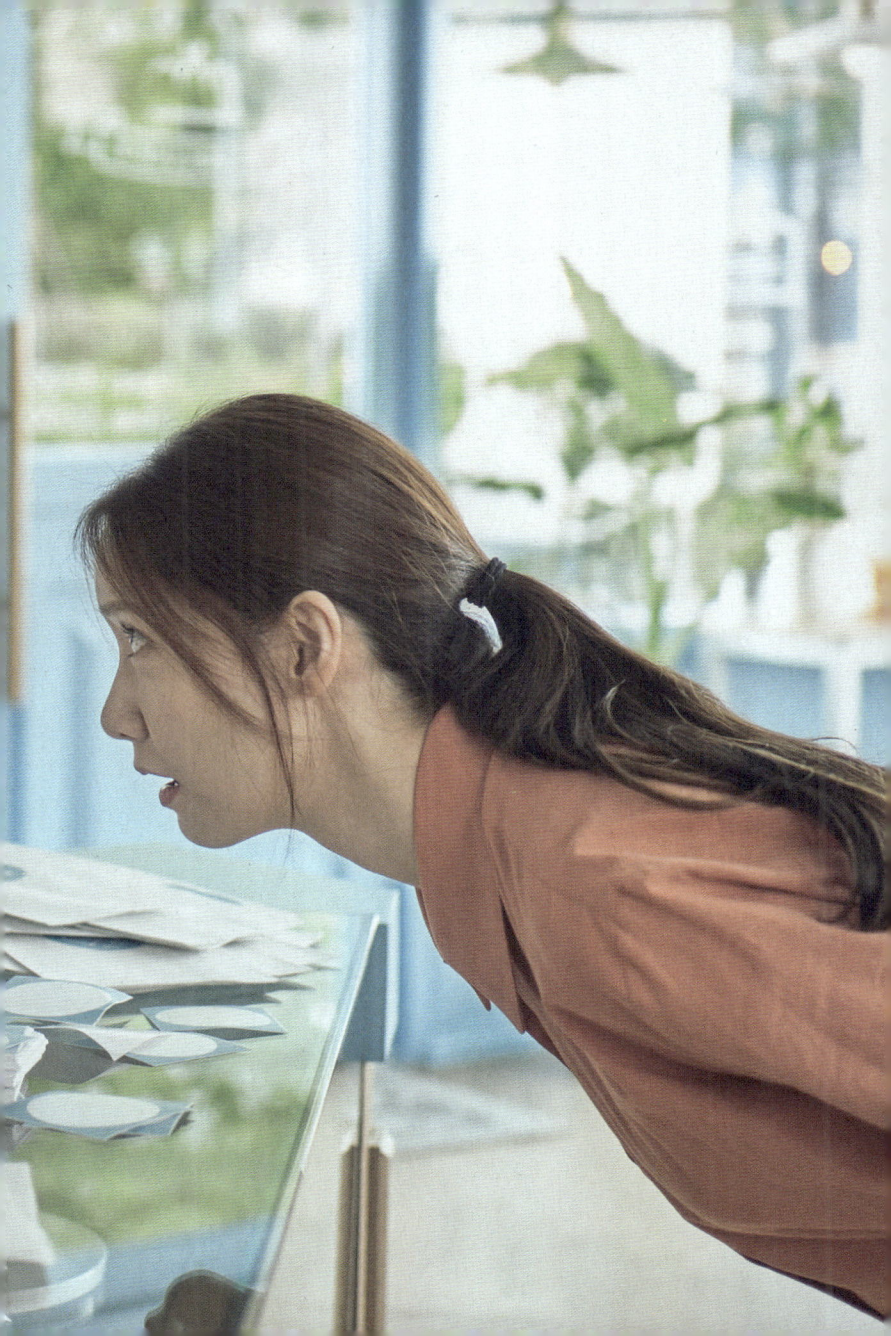

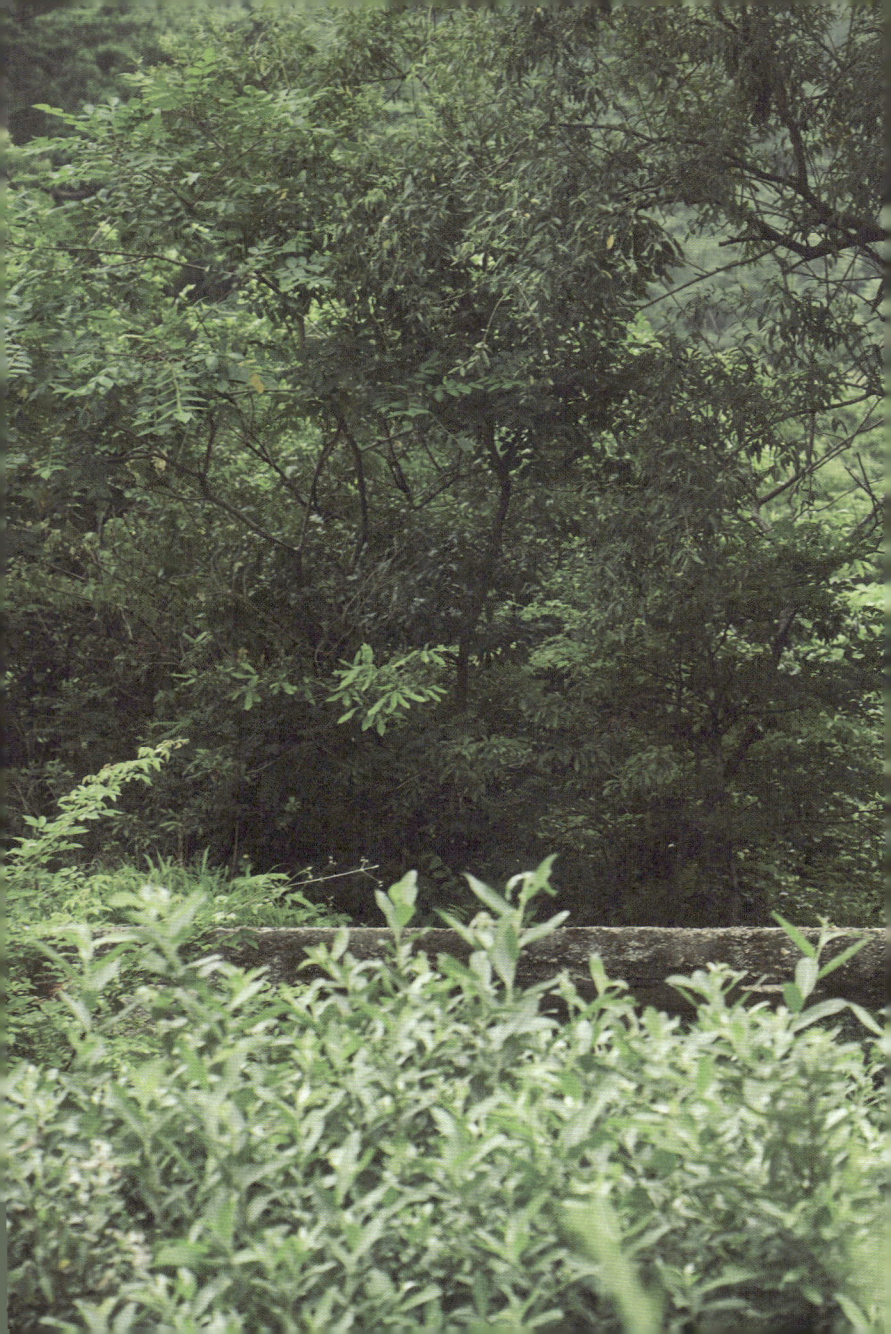

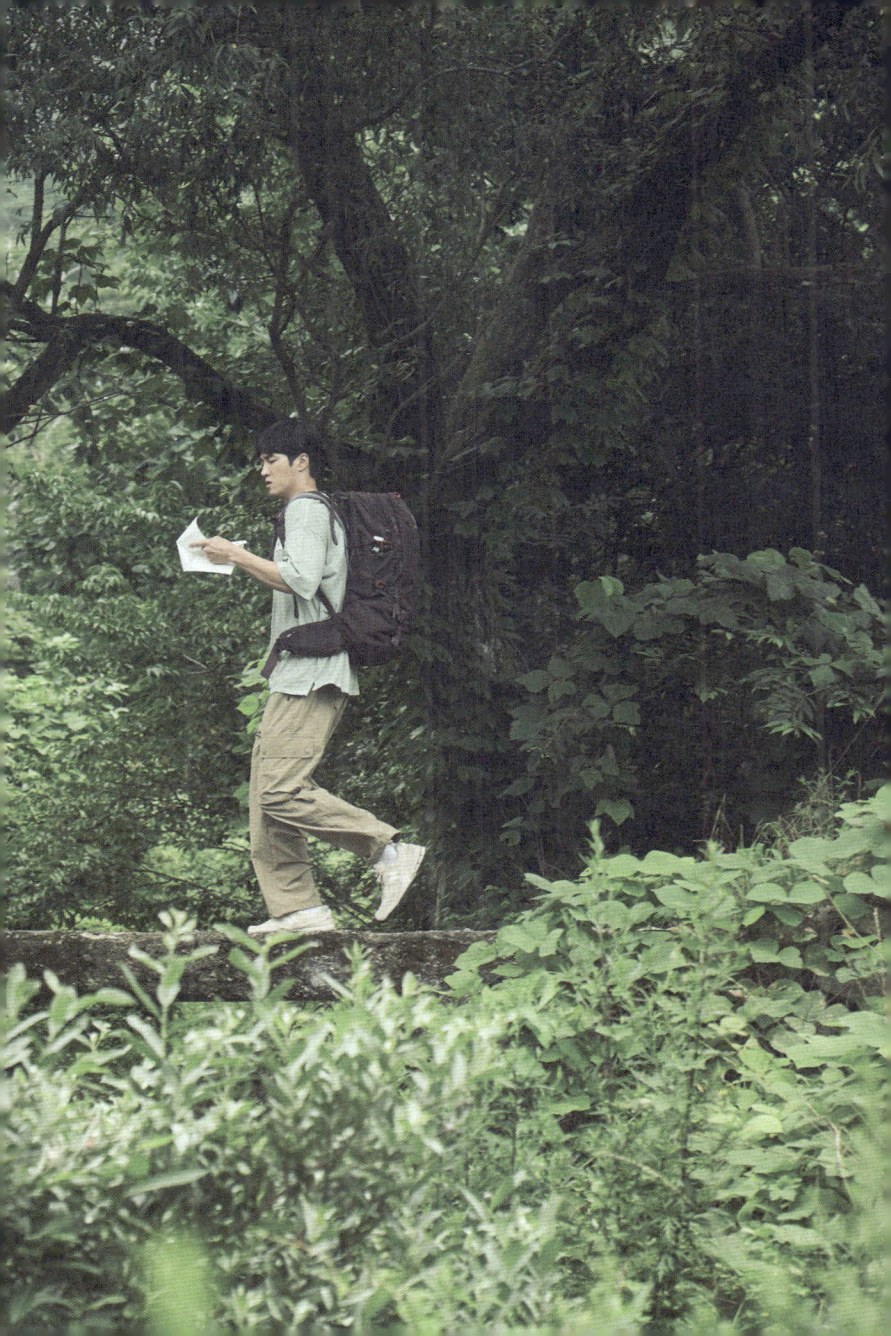

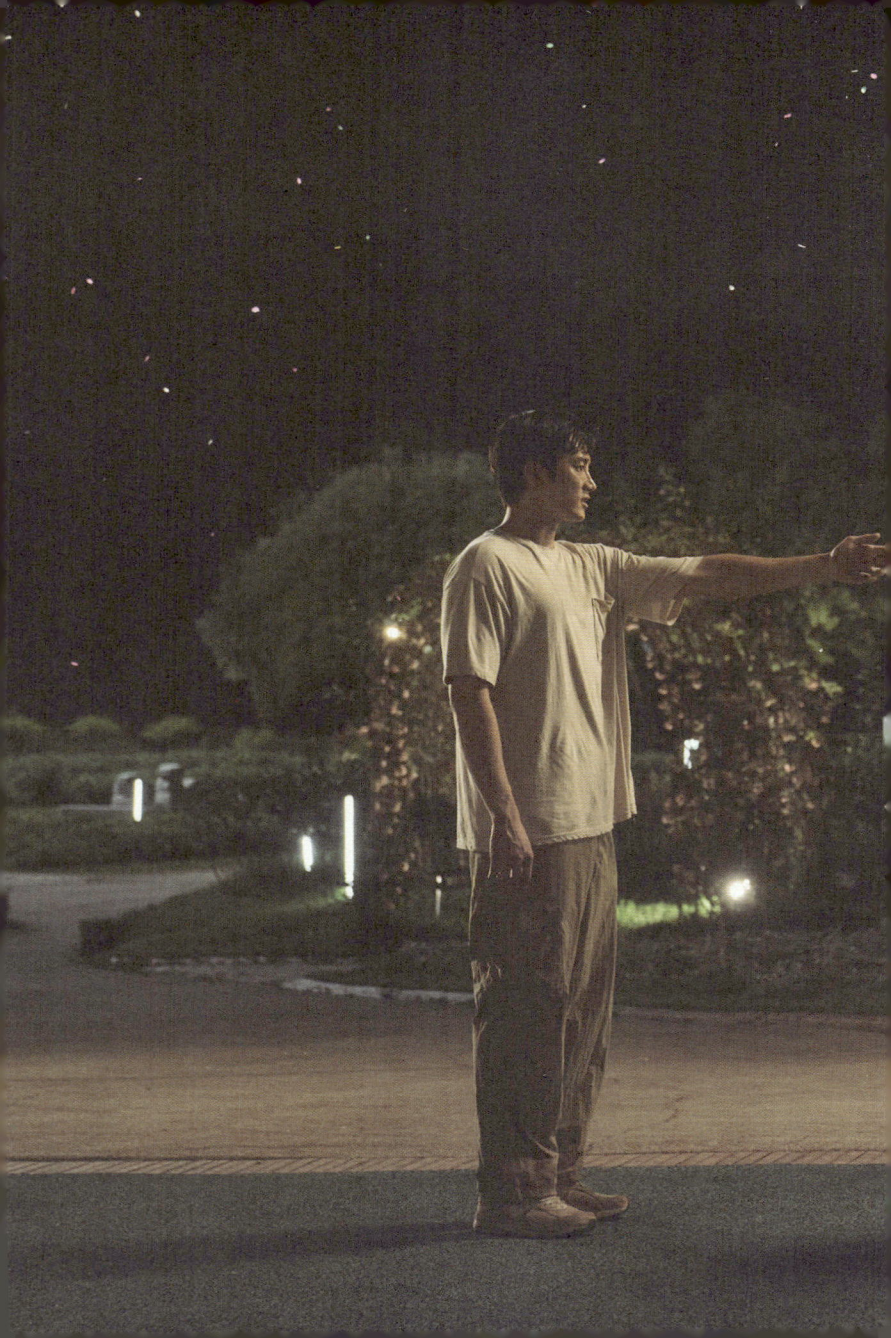

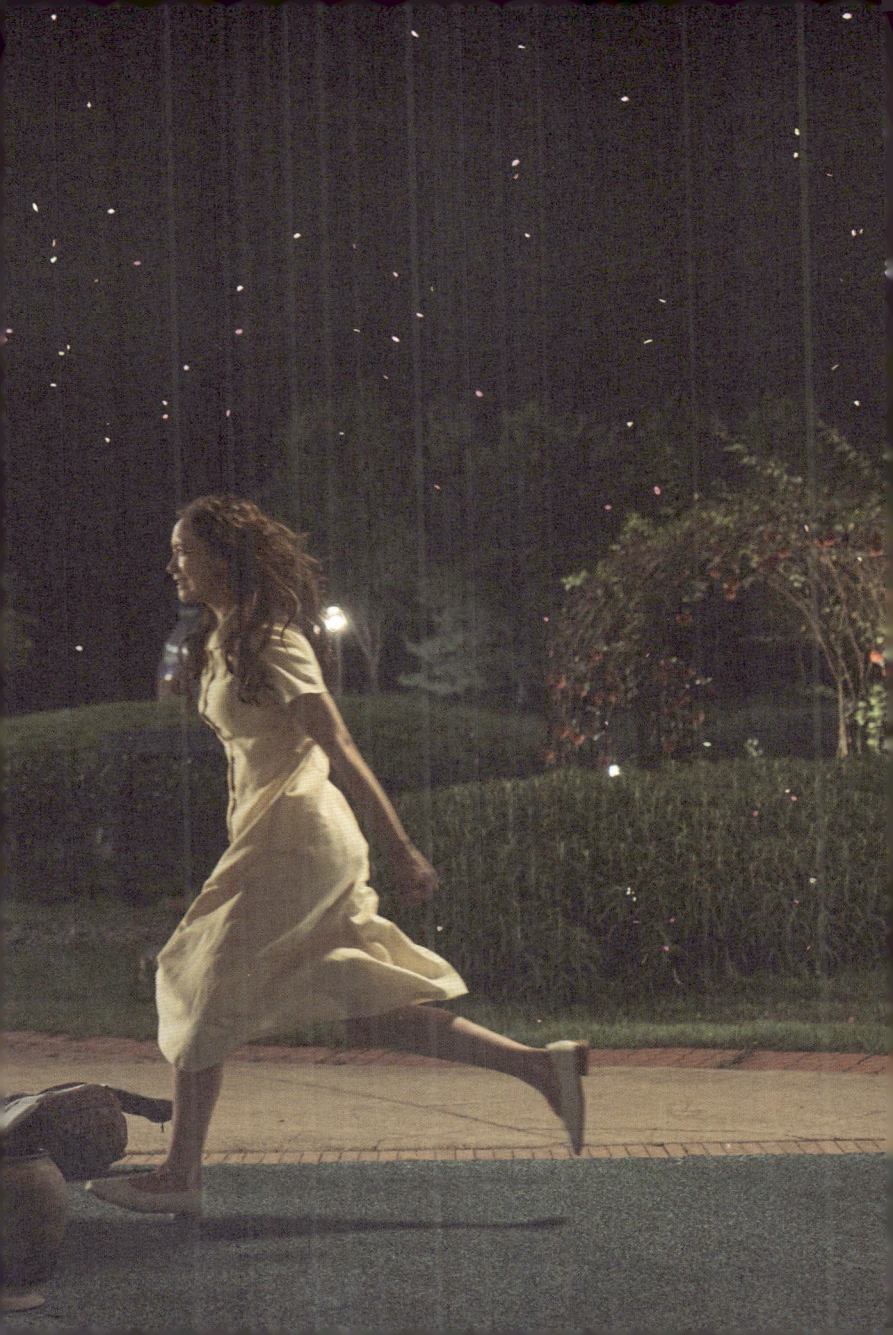

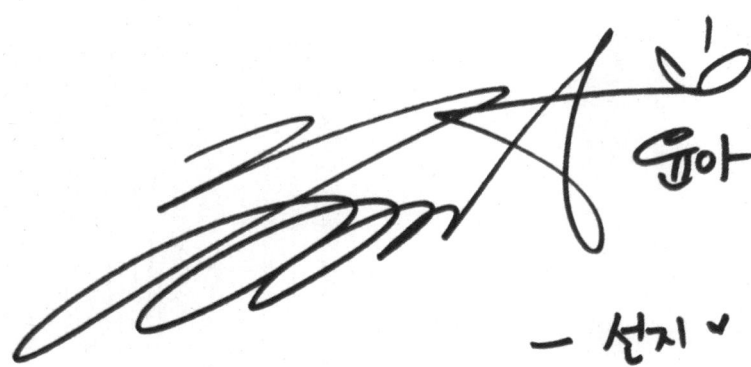

윤아

ㅡ 선지 ♥

이 각본을 처음 받을때의 신선함과 유쾌하고 따뜻했던

감정이 아직도 새록새록 기억납니다.

기상 천외하지만 정말 사랑스런 선지 떡볶이

선지로 살았던 매 순간이 유쾌하고도 소중했습니다 ♥

착하고 좋은 사람들의 이야기를 동화처럼 담고 싶었다는

감독님의 마음처럼, 이 책을 받아보신 모든 분들이,

또 영화를 보신 모든 분들이. 제가 선지를 바라보고.

표현하며 느꼈던 그 감정을 함께 느끼고 있으시다면

제게에도 정말 뜻깊은 시간이 될 것 같습니다 ☺

감사합니다 ♥

　　　　　　　　　　　　　 - 정선지.임규아 -

허술한 웃음 뒤에
늘 따뜻함을 간직한 길구.
그런 길구의 마음을
담아낼 수 있어 행복했습니다.
부디 이 이야기가 여러분께도
작은 미소와 위로를 건네주길 바랍니다.

감독의 말

여물지 못한 습작을 쓰고 컴퓨터 하드 안 시나리오
폴더에 저장할 땐 텍스트 파일과 함께 여러 감정들도
같이 저장되곤 하는 거 같습니다.

꿈을 이루고 싶다는 열망에는 받고 싶지 않은
부록처럼 불안함도 딸려 오지요.

주변의 동료들과 친구들이 먼저 꿈을 이루거나
길을 찾아 떠나고 그 모습을 보며 불안함은
커져가던 시절, 시기였는지 질투였는지 혹은 자각과
반성이었는지 엄청난 에너지로 미친 듯이 자판을
두들기며 한 달여 만에 이 시나리오의 초고를 썼던
기억이 있습니다.

비록 열심히 한 것에 비해 다른 부분이 미흡했는지
이 작품으로 영화감독에 데뷔한다는 목적은
이루지 못했습니다. 하지만 조금은 더 단단해진 저로
만들어준 시간이었고, 이 시나리오는 이후의 작업에도
큰 초석이 되어주었습니다.

2014년 '2시의 데이트'란 제목으로 시작해
2025년 '악마가 이사왔다'로 영화화되기까지
십일 년이 걸렸습니다. 너무 오래 기다리게 했고
제목도 모습도 많이 바뀌고 같이 데뷔하자는 약속 역시
지키진 못했지만 이렇게 시나리오가 책으로 출간된

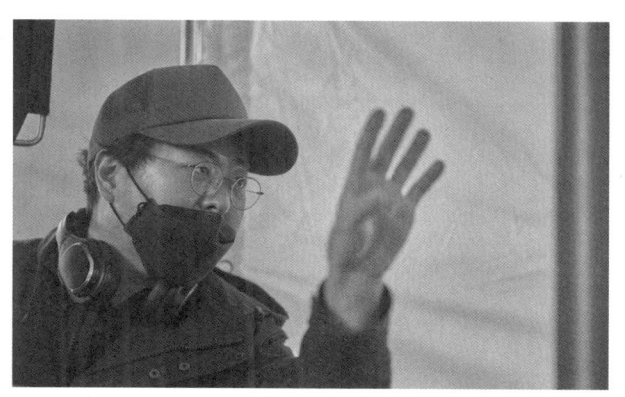

것으로 충분히 위로가 됐을 거라 생각합니다.
출간에 앞서 조금은 부끄럽고 겸연쩍은 맘이 들기도
하지만 영화를 좋아해주신 분들께 간직할 만한 좋은
선물이 되길 바랍니다. 영화에서 삭제되고 편집된
부분을 시나리오와 비교해가며 보는 즐거움도
느끼셨으면 좋겠습니다.
마지막으로 끝까지 절 믿어주신 제작사 외유내강의
강혜정 대표님을 비롯한 류승완 감독님, 조성민
부사장, 백현익 프로듀서, 활자에 숨결을 불어넣어준
임윤아, 안보현, 성동일, 주현영 배우와 이렇게 멋진
책을 제작해주신 박정민 대표님과 출판사 무제,
그리고 당신께 깊은 감사를 드립니다.

이상근

악마가 이사왔다 각본집

ⓒ 2025 CJ ENM Co., Ltd., FILMMAKERS R&K
ALL RIGHTS RESERVED

발행일 초판 1쇄 2025년 8월 6일

지은이 이상근
삽화 서혜리
스토리보드 이스라
스틸 사진 전영욱

펴낸이 박정민
편집 권은경
디자인 상록
마케팅 김아영

펴낸곳 출판사 무제
출판등록 2019년 11월 1일 제2019-000294호
이메일 muzemkt@gmail.com
인스타그램 @booksmuze

ISBN 979-11-993644-6-2 03680